LES MALADIES

DE

LA PERSONNALITÉ

PAR

TH. RIBOT

Membre de l'Institut
Professeur honoraire au Collège de France

DIX-HUITIÈME ÉDITION

PARIS

LIBRAIRIE FÉLIX ALCAN

108, BOULEVARD SAINT-GERMAIN, 108

LES MALADIES

DE

LA PERSONNALITÉ

PAR

TH. RIBOT

Membre de l'Institut
Professeur honoraire au Collège de France

DIX-HUITIÈME ÉDITION

PARIS
LIBRAIRIE FÉLIX ALCAN
108, BOULEVARD SAINT-GERMAIN, 108

1921

TABLE DES MATIÈRES

INTRODUCTION

CHAPITRE PREMIER

LES TROUBLES ORGANIQUES

CHAPITRE II

LES TROUBLES AFFECTIFS

CHAPITRE III

LES TROUBLES INTELLECTUELS

CHAPITRE IV

LA DISSOLUTION DE LA PERSONNALITÉ

CONCLUSION

PRÉFACE

Depuis l'époque où ces études ont été publiées pour la première fois (1884) la question des troubles, désordres et altérations de la personnalité a donné lieu à de nombreux ouvrages [1]. Je ne me propose pas de résumer ici ces récentes recherches : ce serait la matière d'un autre volume.

Quand on a passé en revue tous les cas où la personnalité, l'unité du moi, est entamée à un degré quelconque, depuis les altérations partielles, légères et fugitives, jusqu'aux métamorphoses complètes, on peut, à notre avis, les diviser en deux grandes catégories : les altérations *spontanées* et les altérations *provoquées*.

---

1. Binet et Féré : *le Magnétisme animal;* Binet : *Études de psychologie expérimentale;* Pierre Janet : *L'automatisme psychologique;* Azam : *Hypnotisme, double conscience et altérations de la personnalité;* Bourru et Burot : *Variations de la personnalité;* Paulhan : *L'activité mentale et les éléments de l'esprit;* W. James : *Principles of Psychology,* t. I, ch. x, un grand nombre d'articles dans la *Society for psychical Research;* M. Dessoir : *Das doppel Ich,* etc., etc.

Les premières, naturelles, ne sont accessibles qu'à l'observation et résultent, dans les cas graves, d'un trouble profond et permanent des fonctions vitales.

Les secondes, artificielles, produites par l'expérimentation (d'ordinaire par l'hypnotisme) viennent du dehors, ne pénètrent pas toujours jusqu'au fond intime de l'individu, restent quelque peu superficielles et transitoires, à moins que par répétition elles ne créent une nouvelle habitude mentale.

Quoique l'histoire de notre sujet ne remonte pas loin — à une quarantaine d'années au plus —, elle comprend deux périodes. Pendant la première, on étudie exclusivement les altérations spontanées ; pendant la seconde (postérieure à la renaissance de l'hypnotisme) on ne s'occupe guère que des troubles provoqués et artificiels. Tout en reconnaissant le grand intérêt de ces derniers cas, j'incline à croire, jusqu'à preuve du contraire, que les altérations spontanées qui sont le sujet principal, presque exclusif, du présent volume, restent encore les documents les plus solides pour l'étude des manifestations morbides de la personnalité.

Mai 1891.

LES MALADIES

DE LA PERSONNALITÉ

INTRODUCTION

I

Dans le langage psychologique, on entend généralement par « personne » l'individu qui a une conscience claire de lui-même et agit en conséquence : c'est la forme la plus haute de l'individualité. Pour expliquer ce caractère qu'elle réserve exclusivement à l'homme, la psychologie métaphysique se contente de supposer un moi parfaitement un, simple et identique. Malheureusement ce n'est là qu'une fausse clarté et un semblant de solution. A moins de conférer à ce moi une origine surnaturelle, il faut bien expliquer comment il naît et de quelle forme inférieure il sort. Aussi la psychologie expérimentale ne peut ni poser le problème de la même manière, ni le traiter par la même méthode. Elle apprend des naturalistes combien les caractères de l'individualité (beaucoup moins complexes pourtant que ceux de la personne) sont difficiles à déterminer dans bien des cas; elle se défie des solutions simples, et bien loin de supposer la question résolue d'emblée, elle la voit au terme de ses recherches, comme résultat de laborieuses investigations. Il est donc assez naturel que les représentants de l'ancienne école, un peu désorientés, accusent les partisans de la nouvelle de « voler leur moi », quoique personne n'ait essayé rien de semblable. Mais, de part et d'autre, la langue est si différente et les procédés si opposés qu'on ne peut plus s'entendre.

Au risque d'augmenter la confusion, je voudrais essayer de rechercher ce que les cas tératologiques et morbides, ou simplement rares, peuvent nous apprendre sur la formation et la désorganisation de la personnalité, sans avoir d'ailleurs aucune prétention à prendre le sujet dans sa totalité : entreprise qui me paraît prématurée.

La personnalité étant la forme la plus haute de l'individualité psychique, une question préliminaire se pose : Qu'est-ce que l'individu? Or il est peu de problèmes qui aient été plus débattus de nos jours parmi les naturalistes et qui restent plus obscurs pour les degrés inférieurs de l'animalité. Ce n'est pas le moment d'en parler en détail. Au terme de ce travail, après avoir étudié les éléments constitutifs de la personnalité, nous la considérerons dans son ensemble. Il sera temps alors de la comparer aux formes inférieures par lesquelles la nature s'est essayée à la produire et de montrer que l'individu psychique n'est que l'expression de l'organisme : infime, simple, incohérente ou complexe et unifiée comme lui. Présentement, il suffit de rappeler aux lecteurs déjà initiés à ces études que, en descendant dans la série des êtres animés, on voit l'individu psychique se former par la fusion plus ou moins complète d'individus plus simples, — une conscience coloniale se constituer par la coopération de consciences locales. Ces découvertes des naturalistes sont de la plus haute importance pour la psychologie. Grâce à elles, le problème de la personnalité se transforme : c'est par en bas qu'il doit être étudié, et on est conduit à se demander si la personne humaine n'est pas, elle aussi, un « tout de coalition », dont l'extrême complexité nous dérobe les origines et dont les origines seraient impénétrables, si l'existence des formes élémentaires ne jetait quelque jour sur le mécanisme de cette fusion.

La personnalité humaine, — la seule dont nous puissions parler pertinemment, surtout dans une étude pathologique, — est un tout concret, un complexus. Pour le connaître, il faut l'analyser, et l'analyse ici est fatalement artificielle, car elle disjoint des groupes de phénomènes qui ne sont pas juxtaposés, mais coordonnés, dont le rapport n'est pas de simple simultanéité, mais de dépendance réciproque. Ce travail est pourtant indispensable. Adoptant une division claire et qui, je l'espère, se justifiera d'elle-même, j'étudierai successivement les conditions *organiques, affectives* et *intellectuelles* de la personnalité, en insistant sur les anomalies et les désordres. Une étude finale nous permettra de grouper de nouveau ces éléments disjoints.

II

Mais avant d'entrer dans l'exposé et l'interprétation des faits, il est utile d'abord, pour des raisons de clarté et de bonne foi, de nous entendre sur la nature de la conscience. Il ne s'agit pas ici d'une monographie qui serait pour ainsi dire toute la psychologie, il suffira de poser le problème sous une forme précise.

Négligeant les détails, nous n'avons en présence que deux hypothèses : l'une fort ancienne, qui considère la conscience comme la propriété fondamentale de « l'âme » ou de « l'esprit », comme ce qui constitue son essence ; l'autre, très récente, qui la considère comme un simple phénomène, surajouté à l'activité cérébrale, comme un événement ayant ses conditions d'existence propres et qui, au gré des circonstances, se produit ou disparaît.

La première hypothèse règne depuis tant de siècles qu'il a été facile d'en apprécier les mérites et les défauts. Je n'ai pas à faire son procès ; je me bornerai à constater sa radicale impuissance à expliquer la vie inconsciente de l'esprit. D'abord, pendant longtemps, elle n'en fait pas mention : les vues si précises et si profondes de Leibniz sur ce point restent oubliées ou du moins sans emploi, et, jusque dans le courant de ce siècle (sauf quelques exceptions), les psychologues les plus renommés restent confinés dans leur cons- cience. Lorsque enfin la question s'est imposée et qu'il est devenu évident pour tous que réduire la vie psy- chique aux seules données de la conscience est une conception si pauvre, si étriquée, qu'elle devient en pratique de nul usage, alors un grand embarras s'est produit. On a admis des « états inconscients », terme ambigu et demi-contradictoire, qui s'est vite répandu, qui a son équivalent dans toutes les langues, mais qui, par sa nature même, trahit la période de confusion où il est né. Que sont ces états inconscients? Les plus prudents constatent leur existence, sans essayer d'expliquer. Les téméraires parlent d'idées latentes, de conscience inconsciente : expressions tellement vagues, tellement pleines d'inconséquences que beaucoup d'auteurs en ont fait l'aveu. Si, en effet, l'âme est posée à titre de substance pensante, dont les états de conscience sont des modifications, on ne peut que par une contradiction manifeste lui rapporter les états inconscients; tous les subterfuges de langage et les habiletés dialectiques n'y feront rien : et, comme on ne peut nier la haute importance de ces états inconscients comme facteurs de la vie psychique, on ne peut sortir d'une situation inextricable.

La seconde hypothèse débarrasse de toute cette logomachie; elle met à néant les problèmes factices qui pullulent dans l'autre (par exemple si la conscience est une faculté générale ou particulière, etc.), et nous pouvons sans crainte réclamer pour elle le bénéfice de la *lex parcimoniæ*. Elle est plus simple, plus claire, plus consistante. Par opposition à l'autre, on peut la caractériser en disant qu'elle exprime l'inconscient en termes physiologiques (états du système nerveux), et non en termes psychologiques (idées latentes, sensations non senties, etc.). Mais ce n'est là qu'un cas particulier de l'hypothèse qu'il faut considérer dans son ensemble.

Remarquons d'abord que comme tous les termes généraux, la conscience doit se résoudre en données concrètes. De même qu'il n'y a pas une volonté en général, mais des volitions, il n'y a pas une conscience en général, mais des états de conscience; eux seuls sont la réalité. Quant à définir l'état de conscience, le fait d'être conscient, ce serait une entreprise vaine et oiseuse; c'est une donnée d'observation, un fait ultime. La physiologie nous apprend que sa production est toujours liée à l'activité du système nerveux, en particulier du cerveau. Mais la réciproque n'est pas vraie; si toute activité psychique implique une activité nerveuse, toute activité nerveuse n'implique pas une activité psychique. L'activité nerveuse est beaucoup plus étendue que l'activité psychique : la conscience est donc quelque chose de surajouté. En d'autres termes, il faut considérer que tout état de conscience est un événement complexe qui suppose un état particulier du système nerveux; que ce processus nerveux n'est pas un accessoire, mais une partie intégrante de l'événement; bien plus, qu'il en est la base, la condition fondamentale; que, dès qu'il se produit, l'événement existe en lui-même; que, dès que la conscience s'y ajoute, l'événement existe pour lui-même; que la conscience le complète, l'achève, mais ne le constitue pas.

Dans cette hypothèse, il est facile de comprendre comment toutes les manifestations de la vie psychique, sensations, désirs, sentiments, volitions, souvenirs,

raisonnements, inventions, etc., peuvent être tour à
tour conscientes et inconscientes. Il n'y a rien de mystérieux dans cette alternance, puisque, dans tous les
cas, les conditions essentielles, — c'est-à-dire les conditions physiologiques, — pour chaque événement
restent les mêmes, et que la conscience n'est qu'un
perfectionnement.

Resterait à déterminer pourquoi ce perfectionnement tantôt s'ajoute, tantôt manque : car, s'il n'y avait
pas dans le phénomène physiologique lui-même quelque chose de plus dans le premier cas que dans le
second, nous donnerions indirectement gain de cause à
l'hypothèse adverse, Si l'on pouvait établir que, toutes
les fois que certaines conditions physiologiques existent, la conscience apparaît; que toutes les fois qu'elles
disparaissent, elle disparaît; que toutes les fois qu'elles
varient, elle varie; ce ne serait plus une hypothèse,
mais une vérité scientifique. Nous en sommes bien
loin. En tout cas, on peut à coup sûr prédire que ce
n'est pas la conscience qui nous donnera sur elle ces
révélations. Comme le dit justement Maudsley, elle ne
peut être, au même moment, effet et cause, — elle-
même, et ses antécédents moléculaires; elle ne vit
qu'un instant et ne peut par une intuition directe
retourner en arrière jusqu'à ses antécédents physiologiques immédiats; et d'ailleurs redescendre jusqu'à ces
antécédents matériels, ce serait saisir non elle-même,
mais sa cause.

Il serait chimérique, pour le présent, d'essayer une
détermination même grossière des conditions néces-
saires et suffisantes de l'apparition de la conscience.

On sait que la circulation cérébrale, sous le double rapport de la quantité et de la qualité du sang, importe beaucoup. Les expériences faites sur la tête d'animaux fraîchement décapités en donnent une preuve saisissante. On sait que la durée des processus nerveux dans les centres importe aussi. Les recherches psychométriques, démontrent chaque jour que l'état de conscience requiert un temps d'autant plus long qu'il est plus complexe et que, au contraire, les actes automatiques, primitifs ou acquis, dont la rapidité est extrême n'entrent pas dans la conscience. On peut admettre encore que l'apparition de la conscience est liée à la période de désassimilation du tissu nerveux, comme Herzen l'a fait voir en détail [1]. Mais tous ces résultats ne sont que des conquêtes partielles : or la connaissance scientifique de la genèse d'un phénomène suppose la déterminaison de *toutes* ses conditions essentielles.

L'avenir les donnera peut-être. En attendant, il sera plus fructueux pour corroborer notre hypothèse de montrer que seule elle explique un caractère capital (non plus une condition) de la conscience, — son *intermittence*. Pour éviter dès le début toute équivoque, notons qu'il ne s'agit pas de la discontinuité des états de conscience entre eux. Chacun a ses limites, qui, tout en lui permettant de s'associer aux autres, sauvegardent son individualité propre. Ce n'est pas de cela qu'il s'agit, mais de ce fait bien connu que la

---

1. *La condizione fisica della coscienza*, ir 4°, Rome. 1879. *Le cerveau et l'activité cérébrale*, 1887.

conscience a ses interruptions, ou, pour parler le langage vulgaire, qu'on ne pense pas toujours.

Il est vrai que cette assertion a été contredite par la majorité des métaphysiciens. En réalité, ils n'ont jamais fourni de preuves à l'appui de leur thèse, et, comme toutes les apparences sont contre elle, il semble bien que c'est à eux qu'incombait l'*onus probandi.* Toute leur argumentation se réduit à dire que puisque l'âme est essentiellement une chose pensante, il est impossible que la conscience n'existe pas toujours à un degré quelconque, quand même il n'en reste aucune trace dans la mémoire. Mais c'est là une simple pétition de principe, puisque l'hypothèse que nous soutenons conteste justement leur majeure. Leur preuve prétendue n'est, en définitive, qu'une déduction tirée d'une hypothèse contestée. — Il serait hors de propos d'examiner ici cette question en détail, il suffira d'en présenter un résumé.

Si, écartant toute idée préconçue, on s'en tient à la simple observation des faits, on se heurte à la grande difficulté pratique que voici : il est souvent impossible de décider s'il y a *inconscience* ou *amnésie.* Qu'un état de conscience apparaisse, dure très peu, ne s'organise pas en souvenir, ne laisse aucune trace de son passage, il sera pour l'individu comme s'il n'avait pas été. Or, l'existence de ces consciences évanescentes est démontrée : ce n'est plus une absence de conscience, mais une absence de souvenir. Déduction faite de ces cas, il en reste d'autres où, pour tout critique impartial, il est impossible de ne pas admettre que la disparition complète de la conscience est la seule hypothèse vraisemblable.

On a affirmé qu'il n'y a jamais de sommeil sans rêve; c'est là une assertion purement théorique. La seule raison de fait qu'on puisse invoquer, c'est que parfois le dormeur, apostrophé ou interrogé, répond d'une façon assez convenable et n'en a aucun souvenir au réveil. Cependant ce fait ne justifie pas une conclusion générale.

Remarquons de plus, — et ce point est important, — que tous ceux qui ont recherché s'il y a un sommeil cérébral parfait, sont des esprits cultivés et actifs (des psychologues, des médecins, des littérateurs), chez qui le cerveau est toujours en éveil, vibrant comme un instrument délicat à la plus légère excitation, ayant pour ainsi dire l'habitude de la conscience. En sorte que ceux qui se posent la question : « Rêve-t-on toujours? » sont les moins aptes à la résoudre négativement. Mais chez les gens à profession manuelle, il n'en est plus de même. Un paysan vivant loin de toute agitation intellectuelle, borné aux mêmes occupations et à la même routine, en général ne rêve pas. J'en connais plusieurs qui considèrent le rêve comme un accident rare dans leur vie nocturne. D'ailleurs quelques hommes d'une activité intellectuelle remarquable (Lessing, Th. Reid, etc., etc.), affirment n'avoir jamais rêvé. Il est peu vraisemblable que certains sommeils, succédant à une période de grande fatigue physique, ne soient, au moins momentanément, vides de tout rêve. — Dans les opérations chirurgicales, l'anesthésie artificielle est rarement poussée jusqu'à l'insensibilité absolue. Il semble pourtant que, dans certains cas

étudiés sur eux-mêmes par de bons observateurs [1],
l'inconscience complète se produit pendant une période
variant de quelques secondes à une minute et plus.
— Dans le vertige épileptique, connu aussi sous les
noms de « petit mal », « attaque », « absence », on
constate souvent une perte complète de la conscience,
avec phrases brusquement interrompues et reprises
exactement au même point après l'accès [2] : mais j'inscris
sans hésiter au compte de l'amnésie pure et simple,
les états connus sous le nom d' « automatisme comitial
ambulatoire » qui durent des jours et des heures.
D'ailleurs, en revenant à l'état normal, plusieurs de
ces malades déclarent d'eux-mêmes « qu'il leur semble
sortir d'un rêve. » — Les chocs et coups sur la tête, les
commotions brusques produisent d'ordinaire l'inconscience avec une amnésie rétroactive, c'est-à-dire que
les événements immédiatement antérieurs à l'événement ne laissent aucune trace dans la mémoire et qu'il
se produit ainsi, dans la vie mentale du patient, une
lacune variant de quelques secondes à plusieurs minutes. Le Dr Hamilton qui a minutieusement étudié ces
accidents au point de vue de la médecine légale [3] et a
recueilli vingt-six cas authentiques, croit pouvoir établir comme une loi, que l'amnésie rétroactive est en

1. Voir Lacassagne, *Mémoires de l'Académie de médecine*, t. III,
1869, pp. 30 et 36.

2. On en trouvera de nombreux exemples chez tous les auteurs
qui ont traité de l'epilepsie. Pour les phrases interrompues, voir
en particulier Forbes Winslow : *On obscure Diseases*, etc.,
p. 322 sq; — Maudsley, *Path. de l'esprit*, trad. fr., p. 9, 10; —
Puel, *De la catalepsie* (*Mém. de l'Acad. de med.*, 1856, p. 475).

3. *Loss of consciousness* dans *Medico legal Society of New-York*,
3e série, 1886, p. 206 sq.

raison directe de la durée de l'inconscience. Si celle-ci est partielle et courte, l'amnésie rétroactive n'embrasse que quelques secondes; si elle est totale et longue, l'amnésie croît proportionnellement.

Je ne vois pas ce qu'on peut objecter aux faits de ce genre, à moins d'en revenir à l'inévitable hypothèse d'états de conscience qui n'auraient laissé aucune trace dans la mémoire; mais, encore une fois, c'est là une hypothèse gratuite, sans vraisemblance. Ceux qui sont sujets aux évanouissements avec perte de connaissance savent bien que, pendant leur durée, ils peuvent tomber, se meurtrir un membre, renverser une chaise, et en revenant à eux n'avoir aucune idée de ce qui s'est produit. Est-il vraisemblable que ces accidents assez graves, s'ils avaient été accompagnés de conscience, n'eussent laissé aucun souvenir persistant au moins quelques secondes? Nous ne nions aucunement que dans certaines circonstances, normales ou morbides (par exemple chez les hypnotisés), des états de conscience ne laissent aucune trace apparente au réveil et peuvent se raviver plus tard; nous restreindrons autant qu'on le voudra les cas d'interruption complète de la conscience; mais nous venons de montrer *qu'il y en a* et il suffit qu'il y en ait un seul pour susciter à l'hypothèse de l'âme, substance pensante, des difficultés invincibles. Dans l'hypothèse contraire tout s'explique aisément. Si la conscience est un événement dépendant de conditions déterminées, rien d'étonnant si elle manque parfois.

On pourrait, si c'était ici le lieu de traiter à fond la question de la conscience, montrer que dans notre hypothèse, le rapport du conscient à l'inconscient n'offre plus rien de flottant ni de contradictoire. Le terme inconscient peut toujours être traduit par cette périphrase : un état physiologique qui étant quelquefois et même le plus souvent accompagné de conscience ou l'ayant été à l'origine, ne l'est pas actuellement. Cette caractéristique, négative comme psychologie, est positive comme physiologie. Elle affirme que dans tout événement psychique, l'élément fondamental et actif est le processus nerveux, que l'autre n'est que concomitant. Par suite, il n'y a plus de difficulté à comprendre que toutes les manifestations de la vie psychique puissent être tour à tour inconscientes et conscientes. Pour le premier cas, il faut et il suffit qu'il se produise un processus nerveux déterminé, c'est-à-dire la mise en jeu d'un nombre déterminé d'éléments nerveux formant une association déterminée, à l'exclusion de tous les autres éléments nerveux et de toutes les autres associations possibles Pour le second cas, il faut et il suffit que des conditions supplémentaires, qu'elles qu'elles soient, s'ajoutent, sans rien changer à la nature du phénomène, sinon de le rendre conscient. On comprend aussi comment la cérébration inconsciente fait tant de besogne sans bruit et, après une incubation souvent très longue. se révèle par des résultats inattendus. Chaque état de conscience ne représente qu'une portion très faible de notre vie psychique, parce qu'il est à chaque instant soutenu et pour ainsi dire poussé par des états inconscients. Chaque volition, par exemple, plonge jusqu'au plus profond de notre être; les motifs qui l'accompagnent et l'expliquent en apparence, ne sont jamais qu'une faible partie de sa véritable cause. De même pour un grand nombre de nos sympathies, et le fait est tellement clair que les esprits les plus dénués d'observation s'étonnent souvent de ne pouvoir se rendre compte de leurs haines et de leurs amours.

Il serait fastidieux et hors de propos de continuer cette démonstration. Si le lecteur le désire, qu'il prenne dans la *Philosophie de l'inconscient*, de Hartmann, la partie intitulée « Phénoménologie ». Il y trouvera classées toutes les manifestations de la vie inconsciente de l'esprit, et il verra qu'il n'y a pas un fait qui ne s'explique avec l'hypothèse soutenue ici. Qu'il essaye ensuite de l'autre.

Un dernier point nous reste à examiner. La théorie qui considère la conscience comme un phénomène, et qui est issue (on pourrait le montrer, si cette digression était ici à sa place) de ce principe fondamental en physiologie : « Le réflexe est le type de l'action nerveuse et la base de toute activité psychique, » a paru à beaucoup de bons esprits paradoxale et irrévérencieuse. Il leur semble qu'elle ôte à la psychologie toute solidité et toute dignité. Ils répugnent à admettre que les manifestations les plus hautes de la nature soient instables, fugaces, surajoutées et, quant à leurs conditions d'existence, subordonnées. Pourtant ce n'est là qu'un préjugé. La conscience, quelles qu'en soient l'origine et la nature, ne perd rien de sa valeur : c'est en elle-

même qu'elle doit être appréciée; et pour qui se place
au point de vue de l'évolution, ce n'est pas l'origine
qui importe, mais la hauteur atteinte. L'expérience
nous montre d'ailleurs qu'à mesure qu'on remonte dans
la série, les composés naturels sont plus complexes et
plus instables. Si la stabilité donnait la mesure de la
dignité, le premier rôle serait dévolu aux minéraux.
Cette objection, toute de sentiment, n'est donc pas
recevable. Quant à la difficulté d'expliquer avec cette
hypothèse l'unité et la continuité du sujet conscient,
il serait prématuré d'en parler pour le présent. Cette
question viendra en son temps.

Il y a cependant un côté faible dans l'hypothèse de
la conscience-phénomène; ses partisans les plus con
vaincus l'ont soutenue sous une forme qui leur a valu
le nom de théoriciens du pur automatisme. D'après
leurs comparaisons favorites, la conscience est comme
le jet de lumière qui sort d'une machine à vapeur et
l'éclaire, mais sans avoir la moindre efficacité sur sa
marche; elle n'a pas plus d'action que l'ombre qui
accompagne les pas du voyageur. Si ces métaphores
n'ont d'autre but que de traduire la doctrine sous une
forme vive, il n'y a rien à dire; mais prises au sens
strict, elles sont exagérées et inexactes. La conscience
est en elle-même et par elle-même un nouveau facteur,
et en cela il n'y a rien de mystique ni de surnaturel,
comme nous allons le voir.

D'abord, par l'hypothèse même, l'état de conscience
supposant des conditions physiologiques plus nombreuses (ou du moins autres) que le même état lorsqu'il reste inconscient, il en résulte que deux indi-

vidus étant l'un dans le premier cas, l'autre dans le second, toutes choses égales d'ailleurs, ne sont pas strictement comparables.

Il y a à alléguer des raisons encore plus probantes, — non des déductions logiques, mais des faits. Lorsqu'un état physiologique est devenu un état de conscience, il a acquis par là même un caractère particulier. Au lieu de se passer dans l'espace, c'est-à-dire de pouvoir être figuré comme la mise en activité d'un certain nombre d'éléments nerveux occupant une superficie déterminée, il a pris une position dans le *temps* : il s'est produit après ceci et avant cela, tandis que pour l'état inconscient, il n'y a ni avant ni après. Il devient susceptible d'être rappelé, c'est-à-dire reconnu comme ayant occupé une position précise entre d'autres états de conscience. Il est donc devenu un nouveau facteur dans la vie psychique de l'individu, un résultat qui peut servir de point de départ à quelque nouveau travail conscient ou inconscient; et il est si peu le produit d'une opération surnaturelle qu'il se réduit à cet enregistrement organique qui est la base de toute mémoire.

Pour préciser davantage, prenons quelques exemples. La volition est toujours un état de conscience, l'affirmation qu'une chose doit être faite ou empêchée; elle est le résultat final et clair d'un grand nombre d'états conscients, sous-conscients et inconscients; mais une fois affirmée, elle devient dans la vie de l'individu un nouveau facteur, et dans la position prise elle marque une suite, la possibilité d'être recommencée, modifiée, empêchée. Rien de semblable pour les actes

automatiques non accompagnés de conscience. —
Les romanciers et les poètes, bons observateurs de
la nature humaine, ont souvent décrit cette situation
où une passion, — amour ou haine, — longtemps
couvée, inconsciente, ignorante d'elle-même, enfin se
fait jour, se reconnaît, s'affirme avec clarté, devient
consciente. Alors son caractère change; elle redouble
d'intensité ou est enrayée par des motifs antagonistes.
Ici encore la conscience est un nouveau facteur qui a
modifié la situation psychologique. — On peut d'instinct, c'est-à-dire par une cérébration inconsciente,
résoudre un problème, mais il est fort possible qu'un
autre jour, à un autre moment, on échoue devant
un problème analogue. Si, au contraire, la solution a
été atteinte par un raisonnement conscient, l'échec
est bien peu probable dans le second cas, parce que,
chaque pas en avant marque une position acquise, et
que dès lors on ne marche plus en aveugle. Ceci ne
diminue d'ailleurs en rien le rôle du travail inconscient dans les découvertes.

Ces exemples pris au hasard suffisent à montrer que
les métaphores citées plus haut sont vraies pour
chaque état de conscience *pris en lui-même*. Oui, il
n'est en lui même qu'une lumière sans efficacité, que
la simple révélation d'un travail inconscient; mais, par
rapport au développement futur de l'individu, il est un
facteur de premier ordre.

Ce qui est vrai de l'individu l'est aussi de l'espèce
et de la succession des espèces. Au seul point de vue
de la survivance du plus apte et en dehors de toutes
considérations psychologiques, l'apparition de la cons-

cience sur la terre a été un fait capital. Par elle, l'expe
rience, c'est-à-dire une adaptation d'ordre supérieur,
a été possible pour l'animal. Nous n'avons pas à en
rechercher l'origine. On a fait à ce sujet des hypothèses très ingénieuses qui rentrent dans le domaine
de la métaphysique et que la psychologie expérimentale n'a pas à discuter parce qu'elle prend la conscience
à titre de *datum*. Il est vraisemblable que la conscience
s'est produite comme toute autre manifestation vitale,
d'abord, sous une forme rudimentaire et, en apparence, sans grande efficacité. Mais dès qu'elle a été
capable de laisser un résidu, de constituer dans l'animal une mémoire au sens psychique, qui a capitalisé
son passé au profit de son avenir, une chance nouvelle
de survie s'est produite. A l'adaptation inconsciente,
aveugle, accidentelle, dépendante des circonstânces,
s'est ajoutée une adaptation consciente, suivie, dépendante de l'animal, plus sûre et plus rapide que l'autre :
elle a abrégé le travail de la sélection.

Le rôle de la conscience dans le développement de
la vie psychique est donc évident. Si j'ai tant insisté
sur ce point, c'est que les promoteurs de l'hypothèse
soutenue ici ne l'ont considérée que dans son présent,
sans se préoccuper de ce qui résulte de son apparition.
Ils ont bien dit qu'elle éclaire; ils n'ont pas montré
qu'elle ajoute. Encore une fois la conscience n'est en
elle-même qu'un phénomène, qu'un accompagnement.
S'il existe des animaux chez qui elle paraisse et dis-
paraisse à chaque instant, sans laisser de traces, il est
rigoureusement exact de les appeler des automates
spirituels; mais si l'état de conscience laisse un résidu,

un enregistrement dans l'organisme, il n'agit pas seulement comme indicateur, mais comme condensateur. La métaphore de l'automate n'est plus acceptable. Ceci admis, bien des objections à la théorie de la conscience-phénomène tombent d'elles-mêmes. Elle est complétée, sans être infirmée.

CHAPITRE PREMIER

LES TROUBLES ORGANIQUES

I

J'insisterai longuement sur les conditions organiques
de la personnalité, parce que tout repose sur elles et
qu'elles expliquent tout le reste. La psychologie métaphysique ne s'en est guère occupée et c'était logique,
puisque pour elle le moi vient d'en haut et non d'en
bas. Pour nous, au contraire, c'est dans les phénomènes les plus élémentaires de la vie qu'il faut chercher
les éléments de la personnalité; ce sont eux qui lui
donnent sa marque propre, son caractère. C'est le sens
organique, ce sens du corps, en nous vague et obscur
d'ordinaire, très net parfois, qui est pour chaque animal
la base de son individualité psychique [1]. Il est ce « principe d'individuation » tant recherché par les docteurs

1. Remarquons en passant qu'un grand métaphysicien,
Spinoza, soutient clairement la même thèse, quoique en d'autres
termes : « L'objet de l'idée qui constitue l'âme humaine, c'est le
corps.... et rien de plus. » — « L'idée qui constitue l'être formel
de l'âme humaine n'est pas simple, mais composée de plusieurs
idées. » (*Ethique*, partie II, propositions 13 et 15 ; voir aussi
Scholie de la prop. 17.)

scolastiques, parce que sur lui tout repose, directement
ou indirectement. On peut considérer comme très vraisemblable que, à mesure qu'on descend vers les animaux inférieurs, le sens du corps devient de plus en
plus prépondérant, jusqu'au moment où il devient l'individualité psychique tout entière. Mais, chez l'homme
et les animaux supérieurs, le monde bruyant des désirs,
passions, perceptions, images, idées, recouvre ce fond
silencieux : sauf par intervalles, on l'oublie, parce
qu'on l'ignore. Il en est ici comme dans l'ordre des
faits sociaux. Les millions d'êtres humains qui composent une grande nation se réduisent pour elle-même et
pour les autres à quelques milliers d'hommes qui sont
sa conscience claire, qui résument son activité sociale
sous toutes ses faces : politique, industrie, commerce,
culture intellectuelle. Pourtant ce sont ces millions
d'êtres ignorés, à existence bornée et locale, vivant et
mourant sans bruit, qui font tout le reste : sans eux,
rien n'est. Ils constituent ce réservoir inépuisable
duquel par sélection rapide ou brusque, quelques-uns
montent à la surface; mais ces privilégiés du talent, du
pouvoir ou de la richesse n'ont qu'une existence éphé-
mère. La dégénérescence fatalement inhérente à tout
ce qui s'élève les abaissera eux ou leur race, tandis que
le travail sourd des millions d'ignorés continuera à en
produire d'autres et à leur imprimer un caractère.

La psychologie métaphysique ne regarde que les
sommets, et l'observation intérieure n'en dit pas bien
long sur ce qui se passe dans l'intérieur du corps;
aussi l'étude de la sensibité générale a été d'abord et
surtout l'œuvre des physiologistes.

Henle (1840) définissait la sensibilité générale ou « cénesthésie » : « le *tonus* des nerfs sensibles ou la perception de l'état d'activité moyenne dans lequel ces nerfs se trouvent constamment, même dans les moments où aucune impression extérieure ne les sollicite. » Et ailleurs : « C'est la somme, le chaos non débrouillé des sensations qui de tous les points du corps sont sans cesse transmises au sensorium [1]. » — Plus précis, E.-H. Weber entendait par ce mot : une sensibilité interne, un toucher intérieur qui fournit au sensorium des renseignements sur l'état mécanique et chimico-organique de la peau, des muqueuses et séreuses, des viscères, des muscles, des articulations

Le premier en France, un médecin philosophe, Louis Peisse, réagit contre la doctrine de Jouffroy qui prétendait que nous ne connaissons notre propre corps que d'une manière objective, comme une masse étendue et solide, semblable à tous les autres corps de l'univers, placée hors du moi, et étrangère au sujet percevant, au même titre que sa table ou sa cheminée. Il montra, quoique en termes un peu timides, que la connaissance de notre corps est avant tout subjective. Sa description de cette conscience organique me paraît trop exacte pour n'être pas citée tout entière : « Est-il bien certain, dit-il, que nous n'avons absolument aucune conscience de l'exercice des fonctions organiques? S'il s'agit d'une conscience claire, distincte et localement déterminable comme celle des impressions extérieures, il est évident

---

1. *Pathologische Untersuchungen*, 1848, p. 114. — *Allgemeine Anatomie*, 1841, p. 728.

qu'elle nous manque; mais nous pouvons bien en avoir une conscience sourde, obscure et pour ainsi dire latente, analogue par exemple à celle des sensations qui provoquent et accompagnent les mouvements respiratoires, sensations qui, bien que incessamment répétées, passent comme inaperçues. Ne pourrait-on pas, en effet, considérer comme un retentissement lointain, faible et confus du travail vital universel, ce sentiment si remarquable qui nous avertit sans discontinuité ni rémission de la présence et de l'existence actuelle de notre propre corps? On a presque toujours et à tort confondu ce sentiment avec les impressions accidentelles et locales qui, pendant la veille, éveillent, stimulent et entretiennent le jeu de la sensibilité. Ces sensations, quoique incessantes, ne font que des apparitions fugitives et transitoires sur le théâtre de la conscience, tandis que le sentiment dont il s'agit dure et persiste au-dessous de cette scène mobile. Condillac l'appelait avec assez de propriété le sentiment fondamental de l'existence; Maine de Biran, le sentiment de l'existence sensitive. C'est par lui que le corps apparaît sans cesse au moi comme *sien* et que le sujet spirituel se sent et s'aperçoit exister en quelque sorte localement dans l'étendue limitée de l'organisme. Moniteur perpétuel et indéfectible, il rend l'état du corps incessamment présent à la conscience et manifeste ainsi de la manière la plus intime le lien indissoluble de la vie psychique et de la vie physiologique Dans l'état ordinaire d'équilibre qui constitue la santé parfaite, ce sentiment est, comme nous le disions, continu, uniforme et toujours égal, ce qui l'empêche d'arriver au moi, à l'état de sensation distincte, spéciale et locale. Pour être distinctement remarqué, il faut qu'il acquière une certaine intensité; il s'exprime alors par une vague impression de bien-être ou de malaise général, indiquant, le premier une simple exaltation de l'action vitale physiologique, le second sa perversion pathologique; mais dans ce cas, il ne tarde pas à se localiser sous forme de sensations particulières, rapportées à telle ou telle région du corps. Il se révèle parfois d'une manière plus indirecte, mais pourtant bien plus évidente, lorsqu'il vient à défaillir dans un point donné de l'organisme, par exemple dans un membre frappé de paralysie. Ce membre tient encore naturellement à l'agrégat vivant, mais il n'est plus compris dans la sphère du moi organique, si l'on nous passe cette expression. Il cesse d'être aperçu par ce moi comme *sien*, et le fait de cette séparation, quoique négatif, se traduit par une sensation positive particulière, connue de quiconque a éprouvé un engourdissement complet de quelque partie, causé par le froid ou la compression des nerfs. Cette sensation n'est autre chose que l'expression de l'espèce de lacune ou de déchet que subit le sentiment universel de la vie corporelle; elle prouve que l'état vital de ce membre était réellement, quoique obscurément senti, et constituait un des éléments partiels du sentiment général de la vie du tout organique. C'est ainsi qu'un bruit continu et monotone, comme celui d'une voiture où l'on est renfermé, n'est plus perçu, quoiqu'il soit pourtant toujours entendu, car s'il cesse brusquement, sa cessation est à l'instant remarquée. Cette analogie peut aider à faire comprendre la nature et le mode d'existence du sentiment fondamental de la vie organique, lequel ne serait dans cette hypothèse qu'une résultante *in confuso* des impressions produites sur tous les points vivants, par le mouvement intestin des fonctions, apportées au cerveau soit directement par les nerfs cérébro-spinaux, soit médiatement par les nerfs du système ganglionnaire [1] ».

Depuis l'époque où cette page parut (1844), physiologistes et psychologues ont travaillé à étudier les éléments de ce sens général du corps. Ils ont déterminé ce que chaque fonction vitale apporte pour sa part ; ils ont montré combien est complexe ce sentiment confus de la vie qui par une répétition incessante est devenu nous, si bien que le chercher serait se chercher soi-même. Aussi ne le connaissons-nous que par les variations qui l'élèvent au dessus du ton normal ou l'abaissent au-dessous. On trouvera dans les ouvrages spéciaux [2] l'étude détaillée de ces fonctions vitales et de leur apport psychique : je n'ai pas à la faire ici, et il suffira de la résumer en quelques lignes.

Nous avons d'abord les sensations organiques liées à la respiration, le sentiment de bien-être produit par un air pur, la suffocation dans l'air confiné ; celles qui viennent du canal alimentaire ; d'autres, plus générales encore, liées à l'état de la nutrition. La faim, par

---

1. Note à son édition des *Rapports du physique et du moral*, de Cabanis, p. 108, 109.

2. Voir en particulier Bain, *Les sens et l'intelligence*, trad. Cazelles, partie I, ch. II, et Maudsley, *Pathologie de l'esprit*, trad. Germont, p. 33-42.

exemple, et la soif, malgré les apparences, n'ont pas de localisation précise; elles résultent d'un malaise de l'organisme entier; c'est un appel fait par le sang devenu trop pauvre. En ce qui concerne la soif notamment, les expériences de Cl. Bernard ont montré qu'elle vient d'un manque d'eau dans l'organisme, non de la sécheresse du pharynx. Entre toutes les fonctions, la circulation générale et locale est peut-être celle dont l'influence psychologique est la plus grande et dont les variations importent le plus d'un individu à un autre, et suivant les divers moments, dans le même individu. Rappelons encore les sensations organiques qui viennent de l'état des muscles, le sentiment de fatigue et d'épuisement ou son contraire, enfin le groupe des sensations musculaires qui, associées aux sensations externes de la vue et du toucher, jouent un si grand rôle dans la formation de nos connaissances. Même réduite à elle seule, sous sa forme purement subjective, la sensibilité musculaire nous révèle le degré de contraction ou de relâchement des muscles, la position de nos membres, etc. J'omets à dessein les sensations organiques de l'appareil génital; nous y reviendrons en étudiant les bases affectives de la personnalité.

Si le lecteur veut bien se représenter un instant la multitude et la diversité des actions vitales que nous venons de classer en courant sous leurs titres les plus généraux, il se fera quelque idée de ce qu'il faut entendre par ce terme : les bases physiques de la personnalité. Toujours agissantes, elles compensent par leur continuité leur faiblesse comme éléments psychiques. Aussi, dès que les formes supérieures de la vie mentale disparaissent, elles passent au premier rang. On en trouve un exemple très net dans les rêves, agréables ou pénibles, suscités par les sensations organiques (cauchemar, songes érotiques, etc.). On assigne même avec assez de précision, à chaque organe, la part qui lui revient dans ces rêves : la sensation de poids semble liée surtout aux affections digestives et respiratoires ; le sentiment de lutte et de combat, aux affections du cœur. Dans des cas plus rares, des sensations pathologiques inaperçues pendant la veille retentissent pendant le sommeil comme un symptôme prémonitoire. Armand de Villeneuve rêve qu'il est mordu à la jambe par un chien ; quelques jours après, cette jambe est envahie par un ulcère cancéreux. Gessner se croit mordu, pendant son sommeil, au côté gauche par un serpent ; peu après, au même point se développa un anthrax dont il mourut. Macario rêve qu'il a un violent mal de gorge ; il se réveille bien portant ; quelques heures après, il est atteint d'une amygdalite intense. Un homme voit en songe un épileptique ; il le devient lui-même peu de temps après. Une femme rêve qu'elle parle à un homme qui ne peut lui répondre parce qu'il est muet ; à son réveil, elle est aphone. — Dans tous ces cas, nous saisissons à titre de faits ces incitations obscures qui, des profondeurs de l'organisme, arrivent aux centres nerveux, et que la vie consciente, avec son tumulte et sa mobilité perpétuelle, dérobe au lieu de les révéler.

Il est clair que la foi exclusive accordée si long-temps par la psychologie aux seules données de la conscience devait rejeter dans l'ombre les éléments organiques de la personnalité; par profession, les médecins, au contraire, durent s'y attacher. La doctrine des tempéraments, vieille comme la médecine elle-même, toujours critiquée, toujours remaniée [1], est l'expression vague et flottante des principaux types de la personnalité physique, tels que l'observation les donne, avec les principaux traits psychiques qui en découlent. Aussi les rares psychologues qui ont étudié les divers types de caractère ont cherché là leur point d'appui. Kant le faisait déjà il y a plus d'un siècle. Si la détermination des tempéraments pouvait devenir scientifique, la question de la personnalité serait bien simplifiée. En attendant, le premier point consiste à se débarrasser de cette opinion préconçue que la personnalité est un caractère mystérieux, tombé du ciel, sans antécédents dans la nature. Si l'on jette simplement les yeux sur les animaux qui nous entourent, on ne fera aucune difficulté pour admettre que la différence du cheval et du mulet, de l'oie et du canard, leur « principe d'individuation », ne peut venir que d'une différence d'organisation et d'adaptation au milieu, avec les conséquences psychi-

---

1. Henle a essayé récemment (*Anthropologische Vorträge*, 1877, p. 103, 130) de rattacher les tempéraments aux divers degrés de l'activité ou *tonus* des nerfs sensitifs et moteurs. Quand ce degré est au plus bas, nous avons le tempérament phlegmatique. A un haut degré, avec épuisement rapide des nerfs, nous avons le tempérament sanguin. Le cholérique suppose aussi un *tonus* élevé, mais avec persistance dans l'action nerveuse. Le tempérament mélancolique ne peut être défini par la simple quantité de l'action nerveuse : il suppose un *tonus* élevé, avec tendance aux émotions plutôt qu'à l'activité volontaire.

ques qui en résultent, et que dans la même espèce les différences d'un individu à un autre ne peuvent venir non plus primitivement d'ailleurs. Il n'y a aucune raison d'ordre naturel pour mettre l'homme à part; seulement ici le développement excessif des facultés intellectuelles et affectives fait illusion et cache les origines.

La personnalité physique, en entendant par ce mot le simple sentiment de l'état de l'organisme, une manière d'être où, par hypothèse, toute conscience claire ou obscure, actuelle ou reproduite de quelque donnée extérieure, serait absente, existe-t-elle dans la nature? Evidemment non, chez les animaux supérieurs, et elle ne peut être posée qu'à titre d'abstraction très artificielle. Il est vraisemblable que cette forme de l'individualité psychique, qui consiste simplement dans la conscience que l'animal a de son propre corps, existe dans les espèces très inférieures, non toutefois dans les plus basses.

Dans celles-ci, — et les individus multicellulaires, c'est-à-dire composés de cellules toutes semblables entre elles, nous en fournissent un exemple, — la constitution de l'organisme est tellement homogène que chaque élément vit pour soi, que chaque cellule a son action et sa réaction propres; mais leur totalité ne représente pas plus un individu que six chevaux tirant une voiture dans le même sens ne constituent un cheval. Il n'y a ni coordination ni consensus, mais simplement juxtaposition dans l'espace. Si, comme le font quelques auteurs, on attribue à chaque cellule l'analogue d'une conscience (qui ne serait que l'expression psychique de leur irritabilité), on aurait ici la conscience à l'état de diffusion complète. Il y aurait d'un élément à l'autre une impénétrabilité qui laisserait la masse entière à l'état de matière vivante, sans unité même extérieure.

C'est plus haut, par exemple chez les hydres, que l'observation montre un certain consensus dans les actions et réactions et une certaine division du travail. Mais l'individualité est bien précaire : à coups de ciseaux, d'un individu Trembley en faisait cinquante. Inversement, avec deux hydres on en fait une; il suffit de retourner la plus petite avant de l'introduire dans la plus grande, de manière que les deux entodermes se touchent et se soudent. Autant qu'on peut hasarder une opinion en si obscure matière, l'adaptation des mouvements dénote une certaine unité, temporaire, instable, à la merci des circonstances, qui ne va peut-être pas sans quelque conscience obscure de l'organisme.

Si l'on trouve que nous sommes encore trop bas, on peut à son gré remonter (car toute détermination de ce genre est arbitraire), pour fixer le point où l'animal n'a que la conscience de son organisme, de ce qu'il subit et produit, — n'a qu'une conscience organique. Peut-être même cette forme de la conscience, à l'état pur, n'existe pas; car. dès que des rudiments de sens spéciaux apparaissent, l'animal dépasse le niveau de la sensibilité générale; et d'autre part la sensibilité générale seule suffit-elle à constituer une conscience? On sait que le fœtus humain fait des efforts pour se soustraire à une position incommode, à l'impression du froid, à une irritation douloureuse ; mais sont-ce des réflexes inconscients?

J'ai hâte de sortir de ces conjectures. Ce qui est du moins indiscutable, c'est que la conscience organique (c'est-à-dire celle que l'animal a de son corps et rien que de son corps) a, dans la plus grande partie de l'animalité, une prépondérance énorme ; qu'elle est en raison inverse du développement psychique supérieur, que partout et toujours cette conscience de l'organisme est la base sur laquelle l'individualité repose. Par elle tout est, sans elle rien n'est. Le contraire ne se comprend pas : car n'est-ce pas par l'organisme que viennent les impressions extérieures, matière première de toute vie mentale, et, ce qui importe encore plus, n'est-ce pas en lui que les instincts, sentiments, aptitudes propres à chaque espèce, à chaque individu, sont inscrits et fixés par l'hérédité, on ne sait comment, mais, — les faits le prouvent, — avec une solidité inébranlable.

II

Si donc on admet que les sensations organiques venant de tous les tissus, de tous les organes, de tous les mouvements produits, en un mot de tous les états du corps, sont représentés à un degré quelconque et sous une forme quelconque dans le *sensorium*, et si la personnalité physique n'est rien de plus que leur ensemble ; il s'ensuit qu'elle doit varier avec

eux et comme eux et que ces variations comportent
tous les degrés possibles, du simple malaise à la
métamorphose totale de l'individu. Les exemples de
« double personnalité » dont on a fait si grand bruit
(nous en parlerons plus tard), ne sont qu'un cas
extrême. Avec une patience et des recherches suffisantes, on trouverait dans la pathologie mentale assez
d'observations pour établir une progression, ou plutôt
une régression continue du changement le plus passager à l'altération la plus complète du moi. Le moi
n'existe qu'à la condition de varier continuellement :
ce point est incontesté. Quant à son identité, ce n'est
qu'une question de nombre : elle persiste tant que la
somme des états qui restent relativement fixes est
supérieure à la somme des états qui s'ajoutent à ce
groupe stable ou s'en détachent.

Pour le moment, nous n'avons à étudier que les
désordres de la personnalité liés immédiatement aux
sensations organiques. Comme, par elle-même, la
sensibilité générale n'a qu'une valeur psychique assez
faible, elle ne produit que des désordres partiels, sauf
les cas où l'altération est totale ou brusque.

Commençons par noter un état à peine morbide,
connu probablement de tout le monde, qui consiste
en un sentiment d'exubérance ou de dépression, sans
causes connues. Le ton ordinaire de la vie change;
il s'élève ou s'abaisse. Dans l'état normal, il y a une
« euphorie » positive; il ne vient du corps ni bien-
être ni malaise. Parfois, au contraire, les fonctions
vitales s'exaltent; l'activité surabonde et cherche à
se dépenser; tout paraît facile et profitable. Cet état

de bien-être, tout physique d'abord, se propage dans l'organisation nerveuse entière et suscite en foule des sentiments agréables, à l'exclusion des autres. Alors on voit tout en rose. Parfois c'est l'inverse : un état de malaise, d'abattement, d'inertie et d'impuissance, et comme conséquences la tristesse, la crainte, les sentiments pénibles ou déprimants. C'est l'heure où l'on voit tout en noir. Dans l'un et l'autre cas, d'ailleurs, aucune nouvelle, aucun événement, rien d'extérieur qui justifie cette joie ou cette tristesse subites.

Assurément, on ne peut pas dire que la personnalité est transformée au sens absolu. Elle l'est relativement. Pour lui et mieux encore pour ceux qui le connaissent, l'individu est changé, n'est plus le même. Traduit dans le langage de la psychologie analytique, cela veut dire : que sa personnalité est constituée par des éléments, les uns relativement fixes, les autres variables; que, la variabilité ayant dépassé de beaucoup son taux moyen, la portion stable est entamée mais sans disparaître.

Maintenant si l'on suppose (et cette hypothèse se réalise journellement) que ce changement, au lieu de disparaître à bref délai pour faire retour à l'état normal, persiste; en d'autres termes, si les causes physiques qui le suscitent sont permanentes, au lieu d'être transitoires, il se forme alors une nouvelle habitude physique et mentale, et le centre de gravité de l'individu tend à se déplacer.

Ce premier changement peut en amener d'autres, en sorte que la transformation augmente toujours.

Je n'insiste pas pour le moment. Je voulais simplement montrer comment, d'un état vulgaire, on peut descendre petit à petit jusqu'à la métamorphose complète : ce n'est qu'une question de degré.

Il est impossible, en étudiant les désordres de la personnalité, de déterminer rigoureusement ceux qui ont leur cause *immédiate* dans les troubles de la sensibilité générale, ceux-ci suscitant, par une action secondaire, des états psychiques d'un ordre supérieur (hallucinations, sentiments et idées morbides). Je me bornerai aux cas où ils paraissent prépondérants.

On trouvera dans les *Annales médico-psychologiques* [1] cinq observations que l'auteur a groupées sous ce titre : « Une aberration de la personnalité physique ». Sans chicaner sur l'étiquette, qui en dit peut-être plus qu'il ne convient, on voit, sans cause extérieure, un état organique inconnu, une altération de la cénesthésie, produire un sentiment d'anéantissement corporel. « Au milieu de la plus florissante santé et alors qu'on est en possession d'une exubérance de vie et de force, on éprouve une sensation de faiblesse toujours croissante et telle, qu'on craint à chaque instant de tomber en syncope et de s'éteindre. » D'ailleurs la sensibilité est intacte, le malade mange avec appétit et, si l'on essaye d'agir contre son gré, réagit avec une extrême énergie : il répète qu'il se sent mourir, qu'il s'éteint peu à peu, qu'il n'a plus que quelques heures à vivre. Naturellement sur ce fond tout physique se greffent des conceptions délirantes : l'un se dit empoi-

1. Septembre 1878, 5ᵉ sér e, t. XX, p. 191-223.

sonné, un autre prétend qu'un démon s'est introduit dans son corps et « suce sa vie ».

Tenons-nous-en aux conséquences immédiates de l'état physique. Nous trouvons ici cet état d'abattement déjà décrit et connu de tout le monde, mais sous une forme beaucoup plus grave et plus stable. Le désordre mental s'accroît d'autant et se systématise. L'individu tend à n'être plus le même. C'est une nouvelle étape vers la dissolution du moi, quoi qu'elle soit encore loin d'être atteinte.

Ce commencement de transformation, dû à des causes toutes physiques, se rencontre aussi chez les sujets qui se disent entourés d'un voile ou d'un nuage, retranchés du monde extérieur, insensibles. D'autres (et ces phénomènes s'expliquent naturellement par des troubles de la sensibilité musculaire) jouissent avec délices de la légèreté de leurs corps, se sentent suspendus en l'air. croient pouvoir voler; ou bien ils ont un sentiment de pesanteur dans tout le corps, dans quelques membres, dans un seul membre, qui paraît volumineux et lourd. « Un jeune épileptique sentait parfois son corps si extraordinairement pesant qu'à peine il pouvait le soulever. D'autres fois il se sentait tellement léger qu'il croyait ne pas toucher le sol. Quelquefois il lui semblait que son corps avait pris un tel volume qu'il lui serait impossible de passer par une porte [1]. » Dans cette dernière illusion, qui concerne les dimensions du corps, le malade se sent beaucoup plus petit ou beaucoup plus grand que dans la réalité.

1. Griesinger, *Traité des maladies mentales*, trad. Doumic, p. 92.

Les perversions *locales* de la sensibilité générale,
bien que restreintes par nature, ont une importance
psychologique non moins grande. Certains sujets disent
qu'ils n'ont plus de dents, de bouche, d'estomac, d'intestins, de cerveau : ce qui ne peut s'expliquer que
par une suppression ou une altération des sensations
internes qui existent à l'état normal et contribuent à
constituer la notion du moi physique. C'est à la même
cause, compliquée parfois d'anesthésie cutanée, qu'il
faut rapporter les cas où le malade croit qu'un de ses
membres ou même son corps tout entier est en bois,
en verre, en pierre, en beurre, etc.

Encore un peu, et il dira qu'il n'a plus de corps, qu'il
est mort. Ces cas se rencontrent. Esquirol parle d'une
femme qui croyait que le diable avait emporté son
corps : la surface de la peau était complètement insensible. Le médecin Baudelocque, dans les derniers temps
de sa vie, n'avait plus conscience de l'existence de son
corps : il disait n'avoir plus de tête, de bras, etc. Enfin
tout le monde connait le fait rapporté par Foville. « Un
soldat se croyait mort depuis la bataille d'Austerlitz,
où il avait été grièvement blessé [1]. Quand on lui demandait de ses nouvelles, il répondait : — Vous voulez
savoir comment va le père Lambert? Il n'est plus, il
a été emporté par un boulet de canon. Ce que vous
voyez là n'est pas lui, c'est une mauvaise machine qu'ils
ont faite à sa ressemblance. Vous devriez les prier d'en
faire une autre. En parlant de lui-même, il ne disait
jamais *moi*, mais *cela*. La peau était insensible, et sou-

____

1. Michéa, *Annales médico-psychologiques*, 1856, p. 249 et suiv.

vent il tombait dans un état complet d'insensibilité et d'immobilité qui durait plusieurs jours. »

Nous entrons ici dans les désordres graves, en rencontrant pour la première fois une double personnalité ou, plus rigoureusement, une discontinuité, un défaut de fusion entre deux périodes de la vie psychique. Ce cas me paraît s'interpréter comme il suit : Avant son accident, ce soldat avait comme tout le monde sa conscience organique, le sentiment de son propre corps, de sa personnalité physique. Après l'accident, un changement intime s'est produit dans son organisation nerveuse. Sur la nature de ce changement, on ne peut faire malheureusement que des hypothèses, les effets seuls étant connus. Quel qu'il soit, il a eu pour résultat de faire naître une autre conscience organique, celle d'une « mauvaise machine ». Entre celle-ci et l'ancienne conscience dont le souvenir a persisté avec ténacité, aucune soudure ne s'est faite. Le sentiment de l'identité manque, parce que, pour les états organiques comme pour les autres, il ne peut résulter que d'une assimilation lente, progressive et continue des états nouveaux. Ici, ils ne sont pas entrés dans l'ancien moi à titre de partie intégrante. De là cette situation bizarre où la personnalité ancienne s'apparaît comme ayant été, comme n'étant plus, et où l'état présent apparaît comme une chose extérieure et étrangère, comme n'étant pas. Remarquons enfin que dans un état où la surface du corps ne donne plus de sensations et où celles qui viennent des organes sont à peu près nulles, où la sensibilité superficielle et profonde est éteinte, l'organisme ne suscite plus ces sentiments, images et idées qui le rattachent à la haute vie psychique : il se trouve réduit aux actes automatiques qui constituent l'habitude ou la routine de la vie ; il est à proprement parler « une machine ».

Si l'on prétend que la seule personnalité, dans cet exemple, c'est celle qui se souvient, on le peut à la rigueur ; mais il faudra reconnaître qu'elle est d'une nature bien extraordinaire, n'existant que dans le passé ; et que, au lieu de l'appeler une personne, il serait plus juste de la nommer une mémoire.

Ce qui distingue ce cas de ceux dont nous parlerons ailleurs. c'est que, ici, l'aberration est toute physique, ne vient que du corps et ne porte que sur le corps. Ce vieux soldat ne croit pas être *un autre* (Napoléon, par exemple, quoiqu'il ait été à Austerlitz). Le cas est aussi · pur que possible d'éléments intellectuels.

C'est encore à des perturbations de la sensibilité générale qu'il faut rapporter cette illusion de malades ou convalescents qui se croient doubles. Il y a parfois illusion pure et simple sans dédoublement : l'état morbide est projeté au dehors ; l'individu aliène une partie de sa personnalité physique. Telles sont ces malades dont parle Bouillaud, qui, ayant perdu la sensibilité d'une moitié du corps, se figurent avoir à côté d'eux, dans leur lit, une autre personne ou même un cadavre. Mais quand le groupe des sensations organiques de nature morbide, au lieu d'être ainsi aliéné, s'accole au moi organique normal, coexiste avec lui pendant quelque temps, sans qu'il y ait fusion, alors et pendant ce temps le malade croit qu'il a deux corps. « Un homme convalescent d'une fièvre se croyait formé de deux individus, dont l'un était au lit, tandis que l'autre se promenait. Quoiqu'il n'eût pas d'appétit, il mangeait beaucoup, ayant, disait-il, deux corps à nourrir [1]. » — « Pariset ayant été affecté dans sa première jeunesse d'un typhus épidémique, demeura plusieurs jours dans un anéantissement voisin de la mort. Un matin, un sentiment plus distinct de lui-même se réveilla; il pensa, et ce fut comme une résurrection; mais, chose merveilleuse, en ce moment il avait deux corps, ou du moins il croyait les avoir, et ces corps lui semblaient couchés dans deux lits différents. En tant que son âme était présente à l'un de ces corps, il se sentait guéri et goûtait un repos délicieux. Dans l'autre corps, l'âme souffrait, et il se disait : Comment suis-je si bien dans ce lit et si mal, si accablé dans l'autre? Cette pensée le préoccupa longtemps; et cet homme si fin dans l'analyse psychologique m'a plusieurs fois raconté l'histoire détaillée des impressions qu'il éprouvait alors [2]. »

Nous avons là deux exemples de double personnalité *physique*. Bien que nous soyons encore peu avancés dans notre étude, le lecteur peut voir combien les cas sont dissemblables, quand on les examine de près. Le terme courant de « double personnalité » n'est qu'une abstraction, Dès qu'on le traduit en faits concrets, en observations authentiques, on ne trouve que diversité. Chaque cas, pour ainsi dire, demande une interprétation particulière. *A priori*, on pouvait s'y

1. Leuret, *Fragments psychologiques sur la folie*, p. 95.
2. Gratiolet, *Anatomie comparée du système nerveux*, tome p. 548.

attendre. Si, comme nous le maintenons et comme nous essayerons de l'établir de plus en plus, la personnalité est un composé très complexe, il est évident que ses perturbations doivent être multiformes. Chaque cas le montre décomposé différemment. La maladie levient un subtil instrument d'analyse; elle fait pour nous des expériences inabordables par toute autre voie. La difficulté est de les bien interpréter ; mais les erreurs mêmes ne peuvent être que passagères, puisque les faits que produira l'avenir serviront à les vérifier ou à les rectifier.

III

Le rôle de la personnalité physique comme élément de la personnalité totale est si important et a été si oublié, souvent à dessein, qu'on ne saurait le mettre trop en lumière. A cet égard, il a quelque profit à tirer de certains cas rares dont la psychologie ne s'est pas occupée et qui apportent, à l'appui de notre thèse, un supplément de faits non plus probants, mais plus frappants : je veux parler des monstres doubles.

Il faut reconnaître que le nombre des documents est assez exigu. La nature ne multiplie pas les monstres, et, parmi les soixante-dix ou quatre-vingts espèces distinguées par les tératologistes, le plus grand nombre est sans intérêt pour nous. De plus, parmi les monstres doubles, beaucoup n'atteignent pas l'âge adulte. L'anatomiste et le physiologiste peuvent en tirer profit, il n'en est pas de même du psychologue. Enfin, les bonnes observations sur ce sujet dépassent à peine un siècle. Antérieurement, le merveilleux et le vague des descriptions leur ôtent toute valeur.

Le moi, a-t-on souvent répété, est impénétrable ; il forme par lui-même un tout complet, parfaitement limité : ce qui est une preuve de son essentielle unité. Cette assertion, comme fait, est indiscutable ; mais cette impénétrabilité n'est que l'expression subjective de celle de l'organisme. C'est parce qu'un organisme déterminé ne peut pas être un autre organisme, qu'un moi ne peut pas être un autre moi. Mais si, par un concours de causes qu'il n'importe pas d'énumérer, deux êtres humains, dès la période fœtale, sont partiellement fusionnés, les deux têtes, organes essentiels de l'individualité humaine, restant parfaitement distinctes ; alors, voici ce qui arrive : chaque organisme n'est plus complètement limité dans l'espace et distinct de tout autre ; il y a une partie indivise commune aux deux : et si, comme nous le soutenons, l'unité et la complexité du moi ne sont que l'expression subjective de l'unité et de la complexité de l'organisme, il doit y avoir dans ce cas, d'un moi à l'autre, une pénétration partielle, une portion de vie psychique commune qui n'est pas à un *moi*, mais à un *nous*. Chaque individu est un peu moins qu'un individu. C'est ce que l'expérience confirme pleinement.

« Sous le point de vue anatomique, un monstre double est toujours plus qu'un individu unitaire, moins que deux, mais il se rapproche plus tantôt de l'unité, tantôt de la dualité. De même, sous le point de vue physiologique, il a toujours plus qu'une vie unitaire et moins de deux vies; mais sa double vie peut se rapprocher davantage de l'unité ou de la dualité.

« Pour me borner aux phénomènes de la sensibilité et de la volonté, un monstre composé de deux individus presque complets, unis seulement par un point de leur corps, sera double moralement comme physiquement. Chaque individu aura sa sensibilité et sa volonté propres, dont les effets s'étendront sur son propre corps, mais sur son corps seul. Il peut même arriver que les deux jumeaux, très différents par les traits de leur visage, leur taille et leur constitution physique, ne le soient pas moins par leur caractère et leur degré d'intelligence. Dans le même instant, l'un sera gai, l'autre triste; l'un veillera, l'autre dormira, l'un voudra marcher, l'autre garder le repos, et de ce conflit de deux volontés animant deux corps indissolublement liés pourront naître des mouvements sans résultats, qui ne seront ni le repos ni la marche. Ces deux moitiés pourront se quereller, se donner des coups.... Ainsi leur dualité morale, conséquence de leur dualité physique, se montrera par cent preuves; mais, en même temps, de même qu'il est un point du double corps placé sur la limite des individus composants et communs à tous les deux, d'autres phénomènes, en plus petit nombre, montrent en eux un commencement d'unité.

« Les impressions faites sur la région d'union, à son centre principalement, sont perçues à la fois par les deux cerveaux, et tous deux pourront de même réagir sur elles... Ajoutons que, si la paix est quelquefois troublée entre les deux jumeaux, presque toujours règne entre eux un accord de sentiments et de désirs, une sympathie et un attachement réciproques dont il faut lire tous les témoignages pour en comprendre la portée...

« De semblables phénomènes et d'autres encore existent lorsque, l'union devenant plus intime, il n'existe plus pour deux têtes qu'un seul corps et que deux membres pelviens. L'analyse anatomique démontre que, dans de tels êtres, chaque individu possède en propre un côté de l'unique corps et l'une des deux jambes. L'observation des phénomènes physiologiques et psychologiques confirme pleinement ce singulier résultat. Les impressions faites sur toute l'étendue de l'axe d'union seront perçues à la fois par les deux têtes, hors et à quelque distance de l'axe par une seule, et il en sera de la volonté comme des sensations. Le cerveau droit sentira seulement par la jambe droite et agira seul sur elle, le gauche sur la gauche, en sorte que la marche résultera de mouvements exécutés par deux membres appartenant à deux individus différents et coordonnés par deux volontés distinctes.

« Enfin, dans les monstres parasitaires, en même temps que l'organisation devient presque unitaire, tous les actes vitaux, toutes les sensations, toutes les manifestations de la volonté s'accomplissent presque exactement comme chez les êtres normaux. Le plus petit des deux individus, devenu une portion accessoire et inerte du plus grand, n'a plus sur lui qu'une influence très faible et bornée à un très petit nombre de fonctions [1]. »

---

1. I. Geoffroy Saint-Hilaire, *Histoire des anomalies*, t. III, p. 373. Le monstre dit « épicome de Home » avait une tête parasite qui ne présentait qu'une ébauche très imparfaite de la vie normale.

A ces traits généraux nous ajouterons quelques détails empruntés aux cas les plus célèbres.

On possède de nombreux documents sur Hélène et Judith, monstre bi-femelle né à Szony (Hongrie) en 1701, mort à Presbourg à l'âge de vingt-deux ans. Elles étaient placées à peu près dos à dos, réunies dans la région fessière et une partie des lombes. Les organes sexuels étaient doubles extérieurement, mais avec une seule vulve cachée entre les quatre cuisses; il y avait deux intestins aboutissant à un seul anus. Les deux aortes et les deux veines-caves inférieures s'unissaien par leurs extrémités et établissaient ainsi deux communications larges et directes entre les deux cœurs : de là une demi-communauté de vie et de fonctions. « Les deux sœurs n'avaient ni le même tempérament ni le même caractère. Hélène était plus grande, plus belle, plus agile, plus intelligente et plus douce. Judith, atteinte à l'âge de six ans d'une hémiplégie, était restée plus petite et d'un esprit plus lourd. Elle était légèrement contrefaite et avait la parole un peu difficile. Elle parlait néanmoins comme sa sœur, le hongrois, l'allemand, le français et même un peu d'anglais et d'italien. Toutes deux se portaient une tendre affection, quoique durant leur enfance, il leur arrivât de se quereller et même de se frapper. Les besoins naturels se faisaient sentir simultanément, sauf pour uriner. Elles avaient eu simultanément la rougeole et la variole, et, si d'autres maladies n'atteignirent que l'une des deux sœurs, l'autre avait des accès de malaise intérieur et de vive anxiété. Enfin Judith fut prise d'une maladie de l'encéphale et des poumons. Atteinte depuis plusieurs jours d'une fièvre légère, Hélène perdit presque tout à coup ses forces, tout en conservant l'esprit sain et la parole libre. Après une courte agonie, elle succomba victime non de sa propre maladie, mais de celles de sa sœur. Toutes deux expirèrent au même instant. »

Quant aux frères siamois Chang-Eng, nés en 1811 dans le royaume de Siam, on sait qu'ils étaient unis de l'ombilic à l'appendice xiphoïde. Après une description de leur habitus extérieur, I. Geoffroy Saint-Hilaire ajoute : « Les deux frères même dans leurs autres fonctions [autres que la respiration et la pulsation artérielle] ont une concordance remarquable, mais non absolument constante, comme on s'est plu à le répéter et comme le disaient Chang et Eng eux-mêmes à ceux qui se contentaient de leur adresser quelques questions vagues. Sans doute, rien de plus curieux que le contraste d'une dualité physique presque complète et d'une unité morale absolue; mais aussi rien de plus contraire à la saine théorie. J'ai fait avec soin toutes les observations, recueilli tous les renseignements qui pouvaient m'éclairer sur la valeur d'une assertion tant de fois répétée, et j'ai trouvé que, entre les principes méconnus de la théorie et toutes les déclarations psychologiques dont l'unité des frères siamois a été si longtemps l'inépuisable texte, c'est aux premiers, comme l'on devait s'y attendre, que les faits donnent entièrement gain de cause. — Jumeaux créés sur deux types presque identiques, inévitablement soumis pendant leur vie à l'influence des mêmes circonstances physiques et morales, semblables d'organisation et semblables d'éducation, les deux frères siamois sont devenus deux êtres dont les fonctions, les actions, les paroles, les pensées même sont presque toujours concordantes, se produisent et s'accomplissent parallèlement.... Leurs joies, leurs douleurs sont communes; les mêmes désirs se font jour au même instant dans ces âmes jumelles; la phrase commencée par l'un est souvent achevée par l'autre. Mais toutes ces concordances prouvent la parité et non l'unité. Des jumeaux, à l'état normal, en présentent souvent d'analogues et sans doute en offriraient de tout aussi remarquables, s'ils eussent, pendant toute leur vie, vu les mêmes objets, perçu les mêmes sensations, joui des mêmes plaisirs, souffert des mêmes douleurs [1]..... » J'ajouterai que, avec l'âge et par l'effet des circonstances, les différences de caractère se sont accentuées de plus en plus et que l'un des derniers observateurs décrit l'un des deux frères comme morose et taciturne, l'autre comme gai et enjoué.

Le sujet de ce travail n'étant pas une psychologie des monstres doubles, puisqu'ils ne figurent qu'à titre d'exemples des déviations de la personnalité physique, je rappellerai seulement le cas récent de Milie et Christine, chez qui la sensibilité des membres inférieurs est commune; les deux moelles doivent par conséquent former un véritable chiasma au niveau du point d'union.

Les lois civiles et religieuses, pour qui la question se posait à plus d'un titre (état civil, mariage, droit de succession, baptême, etc.), n'ont pas hésité à recon-

---

1. Pour plus de détails, voir l'ouvrage cité, tome III, p. 90 et suivantes.

naître deux personnes là où existaient deux têtes distinctes : avec raison, bien que, dans la pratique, des
cas embarrassants puissent se rencontrer. La tête étant
chez l'homme le véritable siège de la personnalité, le
lieu où s'en fait la synthèse (on verra plus tard qu'en
descendant dans l'animalité ce point est plus douteux),
elle représente en gros l'individu. Mais, si la question
est discutée scientifiquement, il est impossible, chez
les monstres doubles, de considérer chaque individu
comme complet.

Je ne fatiguerai pas le lecteur d'un commentaire bien
inutile, puisque les faits parlent d'eux-mêmes. S'il examine avec attention ce qui précède, il se convaincra
que, même dans les cas où les personnalités sont le
plus distinctes, il y a un enchevêtrement d'organes et
de fonctions, tel que chacun ne peut être lui-même
qu'à condition d'être plus ou moins l'autre et d'en
avoir conscience.

Le moi n'est donc pas une entité agissant où et
comme il lui plaît, maniant les organes à sa guise,
limitant à son gré son domaine. Il est au contraire si
bien une résultante que son domaine est strictement
déterminé par les connexions anatomiques avec le cerveau et qu'il représente tantôt un corps entier moins
une partie indivise, tantôt une moitié de corps, et, chez
les monstres parasitaires, un domaine si mince qu'il
n'en peut vivre et qu'il est réduit à avorter.

IV

Pour établir une fois de plus et d'une autre manière que le principe d'individuation, c'est l'organisme; qu'il l'est sans restriction aucune, immédiatement par les sensations organiques, médiatement par les états affectifs et intellectuels dont nous parlerons plus tard; examinons ce qui se passe chez les jumeaux. La psychologie ne s'est guère plus occupée d'eux que des monstres doubles, mais les biologistes nous fournissent de curieux documents.

Rappelons d'abord que les jumeaux doubles représentent, dans la moyenne des naissances, environ 1 sur 70. Les cas où ils sont triples ou quadruples, beaucoup plus rares (1 sur 5 000; 1 sur 150 000), compliqueraient notre recherche sans profit. Rappelons encore que les jumeaux sont de deux espèces : ils viennent chacun d'un ovule distinct, et alors ils sont indifféremment du même sexe ou de sexe différent; ou bien ils sont dus au développement de deux taches germinatives dans le même ovule, et alors ils sont enveloppés dans la même membrane et invariablement du même sexe. Ce dernier cas seul nous fournit deux personnalités rigoureusement comparables.

Laissons les animaux, pour nous en tenir à l'homme et prendre le problème dans toute sa complexité. Il est évident que, puisque l'état physique et moral des parents est le même pour les deux individus, au moment de la procréation, une cause de différence est par là éliminée. Comme leur développement a pour point de départ les matériaux d'un même ovule fécondé, il y a de très grandes probabilités d'une ressemblance extrême dans la constitution physique et par suite, d'après notre thèse, dans la constitution mentale. Voyons les faits en notre faveur; nous examinerons ensuite les objections et exceptions.

La parfaite ressemblance de certains jumeaux est d'observation vulgaire. Dès l'antiquité, elle avait fourni matière aux poètes comiques, et, depuis, les romanciers en ont plus d'une fois usé. Mais ils s'en tiennent souvent aux ressemblances extérieures : taille, forme, visage, voix. Il y en a de bien plus profondes. Les médecins ont remarqué depuis longtemps que la plupart des jumeaux présentent une conformité extraordinaire de goûts, d'aptitudes, de facultés et même de destinées. Récemment, M. Galton a poursuivi une enquête à ce sujet, en adressant des questionnaires, dont quatre-vingts lui sont revenus avec les réponses, trente six avec des détails circonstanciés. Son but était tout différent du nôtre. Continuant ses recherches sur l'hérédité, il voulait déterminer par une nouvelle mé⁃thode la part respective de la nature et de l'éducation mais, parmi ses matériaux, plusieurs nous seront d'un grand profit [1].

Il rapporte bon nombre d'anecdotes semblables à celles qui ont cours depuis longtemps : une sœur prenant deux leçons de musique par jour, pour laisser la liberté à sa jumelle; les perplexités d'un portier de

____

1. On les trouvera sous ce titre : *History of Twins*, dans son livre *Inquiries into human Faculty and its developpement* (p. 216-242). London, Macmillan, 1883.

collège qui, lorsque un jumeau vient voir son frère, ne sait plus lequel des deux il doit laisser sortir, etc. D'autres montrent une ressemblance persistante, dans des circonstances peu favorables pour la maintenir. « A... revenait de l'Inde pour rentrer dans sa famille. Le navire arriva avec quelques jours de retard. Son frère jumeau B... était venu pour le recevoir, et leur vieille mère était très nerveuse. Un matin, A... se précipite en disant : « Mère, comment êtes-vous ? » Elle répondit : « Non, B..., c'est une mauvaise plaisanterie, cessez, vous savez combien je suis inquiète; » et il fallut quelque temps avant que A... pût bien la convaincre de son identité. » (P. 224.)

Mais ce qui touche à l'organisation mentale nous intéresse davantage. « Un point qui montre l'extrême ressemblance entre certains jumeaux, dit Galton, c'est la similitude dans leurs associations d'idées. Il n'y a pas moins de onze cas sur trente-cinq qui en fournissent des preuves. Ils font les mêmes remarques dans les mêmes circonstances, commencent à chanter la même chanson au même moment, et ainsi de suite : ou bien l'un commence une phrase et l'autre la finit. Un ami, bon observateur, me décrit ainsi l'effet produit sur lui par deux jumeaux de cette espèce qu'il avait rencontrés : « Leurs dents poussèrent à la même « époque, ils parlèrent à la même époque et en même « temps; ils disaient les mêmes choses et paraissaient « exactement une seule et même personne. » Une des plus curieuses anecdotes que j'aie reçues touchant cette similitude d'idées, c'est celle d'un jumeau A... qui, se trouvant par hasard dans une ville d'Ecosse, acheta un service de verres à champagne, qui avait attiré son attention, pour faire une surprise à son frère B... A la même époque, B..., étant en Angleterre, acheta un service semblable, exactement du même modèle, pour faire une surprise à A... J'ai reçu d'autres anecdotes du même genre concernant ces deux jumeaux. » (*Loc cit.*, p. 231.)

La nature et l'évolution des maladies physiques et mentales nous fournissent des faits bien probants. Si les secondes seules intéressent la psychologie, les premières révèlent une similitude dans la constitution intime des deux organismes, que la vue ne peut constater comme les ressemblances extérieures.

« J'ai donné mes soins, dit Trousseau, à deux frères jumeaux si extraordinairement ressemblants qu'il m'était impossible de les reconnaître à moins de les voir l'un à côté de l'autre. Cette ressemblance physique s'étendait plus loin ; ils avaient une ressemblance pathologique plus remarquable encore. L'un d'eux que je voyais à Paris, malade d'une ophthalmie rhumatismale, me disait : « En ce moment, mon frère doit avoir une ophthalmie comme la mienne. » Et comme je m'étais récrié, il me montra quelques jours après une lettre qu'il venait de recevoir de son frère, alors à Vienne, et qui lui écrivait : « J'ai mon ophthalmie, tu dois avoir la tienne. » Quelque singulier que ceci puisse paraître, le fait n'en est pas moins exact. On ne me l'a pas raconté, je l'ai vu, et j'en ai vu d'autres analogues dans ma pratique [1]. » Galton donne plusieurs exemples

---

1. Trousseau, *Clinique médicale*, I, 253 (Leçon sur l'asthme).

dont nous ne citerons qu'un seul. Deux jumeaux parfaitement semblables, très attachés l'un à l'autre et
ayant des goûts identiques, avaient tous les deux un
emploi du Gouvernement. Ils tenaient ménage ensemble : l'un fut atteint de la maladie de Bright et en
mourut; l'autre fut atteint de la même maladie et
mourut sept mois après (p. 226).

On remplirait des pages de cas analogues. Dans
l'ordre des maladies mentales, il en est de même; quelques exemples suffiront. Moreau (de Tours) a observé
deux jumeaux, physiquement semblables, qui étaient
atteints de folie. Chez eux, « les idées dominantes sont
absolument les mêmes. Tous les deux se croient en
butte à des persécutions imaginaires. Les mêmes enne-
·mis ont juré leur perte et emploient les mêmes moyens
pour arriver à leurs fins. Tous deux ont des hallucinations de l'ouïe. Ils n'adressent jamais la parole à qui
que ce soit, répondent avec peine aux questions. Ils se
tiennent toujours à l'écart et ne communiquent pas
entre eux. Un fait extrêmement curieux et qui a été
nombre de fois constaté par les surveillants de la section et par nous-mêmes est celui-ci; de temps à autre,
à des intervalles très irréguliers, de deux, trois et plusieurs mois, sans cause appréciable et par un effet tout
spontané de la maladie, il survient un changement
très marqué dans la situation des deux frères. Tous les
deux, à la même époque et souvent le même jour, sortent de leur état de stupeur et de prostration habituel,
ils font entendre les mêmes plaintes et viennent d'eux-
mêmes prier instamment le médecin de leur rendre
la liberté. J'ai vu se reproduire ce fait quelque peu

étrange, alors même qu'ils étaient séparés l'un de l'autre par plusieurs kilomètres de distance; l'un était à Bicêtre, l'autre demeurait à la ferme Sainte-Anne [1].

Plus récemment, le *Journal of mental Science* [2] a publié deux observations de folie chez les jumeaux, où l'on voit deux sœurs se ressemblant beaucoup par les traits du visage, les manières, le langage, les dispositions intellectuelles « au point que rien ne serait plus facile que de les prendre l'une pour l'autre », et qui, placées dans des quartiers différents du même asile, dans l'impossibilité de se voir, présentaient des symptômes d'aliénation mentale exactement les mêmes.

Il faut cependant prévenir certaines objections. Il y a des jumeaux de même sexe qui sont dissemblables, et, bien que les documents ne nous disent pas dans quelle proportion les vrais jumeaux (issus d'un même ovule) présentent ces différences, il suffit d'un seul cas pour qu'il vaille à lui seul la peine d être discuté. Nous avons énuméré ailleurs [3] les nombreuses causes qui, chez tout individu depuis la conception jusqu'à la mort, tendent à produire des variations, c'est-à-dire des marques qui lui sont propres et le différencient de tout autre. Ici, comme nous l'avons dit, une catégorie de causes doit être éliminée : celles qui viennent immédiatement des parents. Mais l'ovule fécondé repré-

---

1. *Psychologie morbide*, p. 172. — On trouvera aussi un cas extraordinairement curieux dans les *Annales médico-psychologiques*, 1863, tome I, p. 312. — Sur la question des jumeaux, on peut consulter l'ouvrage spécial de Kleinwaechter : *Die Lehre von den Zwillingen*. Prague, 1871.

2. Avril 1883 et Ball, *De la folie gémellaire*, dans *l'Encéphale*.

3. *L'hérédité psychologique*, 2ᵉ édition, partie II, ch. IV.

sente aussi les influences ancestrales, — 4,12,28 influences possibles suivant qu'on remonte aux aïeuls,
bisaïeux, trisaïeux, etc. On ne sait jamais que par
l'expérience lesquelles prévalent et en quelle mesure
A la vérité, ici c'est le même ovule qui sert à produire
deux individus; mais rien ne prouve que partout et
toujours la division se fasse entre les deux d'une manière rigoureusement équivalente pour la quantité et
la qualité des matériaux. Les œufs de tous les animaux
ont non seulement la même composition anatomique,
mais l'analyse chimique n'y peut révéler que des différences infinitésimales; cependant l'un produit une
éponge, l'autre un homme. Il faut donc que cette ressemblance apparente cache des différences profondes,
bien qu'elle échappe à nos plus subtils moyens d'investigation. Viennent-elles de la nature des mouvements moléculaires, comme le pensent certains auteurs? On peut supposer tout ce qu'on voudra, pourvu
qu'il soit bien compris que l'œuf est déjà une chose
complexe et que les deux individus qui en sortent
peuvent n'être pas rigoureusement semblables. Notre
embarras ne vient que de l'ignorance des procédés
suivant lesquels les éléments primitifs se groupent
pour constituer chaque individu, et par suite, des différences physiques et psychiques qui en résultent.
Quelques correspondants de Galton lui ont signalé ce
fait curieux de certains jumeaux qui sont « complémentaires l'un de l'autre ». Il y a, écrit la mère de
deux jumeaux, « une sorte de changement réciproque
d'expression entre les deux, telle que souvent l'un
paraît plus semblable à son frère qu'à lui-même. » —

« Un fait qui a frappé tous mes camarades d'école (le correspondant est un *senior wrangler* de Cambridge), c'est que mon frère et moi nous étions complémentaires, pour ainsi dire, sous le rapport des aptitudes et des dispositions. Il était contemplatif, poétique et littéraire à un remarquable degré. J'étais pratique, apte aux mathématiques et aux langues. A nous deux, nous eussions fait un homme très convenable. » (P. 224 et 240.) Le capital physique et mental paraît avoir été partagé entre eux non par égalité, mais par équivalence.

Si le lecteur veut bien considérer combien chez l'homme l'organisation psychique est complexe, combien, en raison de cette complexité, il est invraisemblable que deux personnes soient la répétition l'une de l'autre, combien les jumeaux s'en rapprochent à un degré surprenant, il sera invinciblement conduit à penser qu'un seul fait de ce genre bien constaté prouve plus que dix exceptions et que la ressemblance morale n'est que le corrélatif de la ressemblance physique. Si, par impossible. deux hommes étaient faits de telle sorte que leurs deux organismes fussent identiques comme constitution, que leurs influences héréditaires fussent rigoureusement semblables ; si, par une impossibilité plus grande encore, l'un et l'autre recevaient les mêmes impressions physiques et morales au même moment, il n'y aurait plus entre eux d'autre différence que celle de leur position dans l'espace.

En terminant ce chapitre, j'ai quelque honte d'avoir entassé tant de documents et de preuves pour établir cette vérité évidente à mes yeux : Tel organisme, telle personnalité. J'aurais beaucoup hésité à le faire, s'il n'était trop facile de montrer que cette vérité a été oubliée et méconnue plutôt que niée, et qu'on s'est contenté de la mentionner presque toujours sous la rubrique vague d'influence du physique sur le moral.

Les faits étudiés jusqu'ici ne peuvent pas tout seuls conduire à une conclusion : ils ne font que la préparer. Ils ont montré que, réduite à ses derniers éléments, la personnalité physique suppose les propriétés de la matière vivante et leur coordination; que, de même que le corps n'est que la somme organisée et coordonnée de tous les éléments qui le constituent, la personnalité physique n'est que la somme organisée et coordonnée des mêmes éléments, comme valeurs psychiques. Elle exprime leur nature et leurs agencements, rien de plus. L'état normal, les cas tératologiques, la ressemblance des jumeaux nous l'ont prouvé. Les aberrations de la personnalité physique ou, comme les appelle ingénieusement M. Bertrand [1], « les hallucinations du sens du corps » apportent un surcroît de preuves. Mais il y a des déviations de la personne humaine, nées d'autres causes, produites par un mécanisme plus compliqué que nous allons étudier.

1. *De l'aperception du corps humain par la conscience*, p. 269 et suiv.

CHAPITRE II

LES TROUBLES AFFECTIFS

I

Rappelons d'abord une fois pour toutes (et ceci s'applique aux altérations intellectuelles), que nous continuons sous une autre forme l'étude des conditions organiques. Les désirs, sentiments, passions, qui donnent au caractère son ton fondamental, ont leurs racines dans l'organisme, sont prédéterminés par lui. Il en est de même des plus hautes manifestations intellectuelles. Toutefois, comme les états psychiques ont ici un rôle prépondérant, nous les traiterons comme causes immédiates des changements de la personnalité, n'oubliant jamais d'ailleurs que ces causes sont des effets à leur tour.

Sans prétendre à une classification rigoureuse des manifestations affectives, que nous n'avons pas à suivre dans le détail, nous les réduirons à trois groupes dont la complexité psychologique va en croissant et l'importance physiologique en décroissant. Ce sont :

1° les tendances liées à la conservation de l'individu (nutrition, défense) ; 2° celles qui tiennent à la conservation de l'espèce ; 3° enfin, les plus élevées de toutes qui supposent le développement de l'intelligence (manifestations morales, religieuses, esthétiques, scientifiques, ambition sous toutes ses formes, etc.). Si l'on considère le développement de l'individu, on verra que c'est dans cet ordre chronologique que les sentiments apparaissent. On le verra mieux encore dans l'évolution de l'espèce humaine. Les races inférieures, chez qui l'éducation ne vient pas corriger la nature, en apportant le résultat accumulé du travail des siècles, ne dépassent guère la conservation de l'individu et de l'espèce ou ne manifestent qu'une grossière ébauche des sentiments du troisième groupe.

Les états affectifs liés à la nutrition sont chez l'enfant dans ses toutes premières années, le seul élément pour ainsi dire de sa personnalité naissante. De là viennent bien-être et malaise, désirs et aversions ; c'est ce sens du corps dont nous avons tant parlé, parvenu à sa plus haute expression psychique. Des causes naturelles, trop claires pour qu'il soit besoin de les énumérer, faisant dominer presque exclusivement la nutrition chez l'enfant, il n'a et ne peut avoir qu'une personnalité presque entièrement nutritive, c'est-à-dire la forme la plus vague et la plus basse de la personnalité Le moi, pour qui ne le considère pas comme une entité, ne peut être ici qu'un composé d'une simplicité extrême.

A mesure que l'on s'éloigne de l'enfance, le rôle prépondérant de la nutrition diminue ; mais elle ne perd jamais ses droits, parce que, entre toutes les pro-

priétés de l'être vivant, seule elle est fondamentale.
Aussi à ses variations sont liées des altérations graves
de la personnalité : Diminue-t-elle, l'individu se sent
déprimé, affaibli, changé en moins. Augmente-t-elle, il
se sent excité, renforcé, changé en plus. Entre toutes
les fonctions dont l'harmonie constitue cette propriété
fondamentale de la vie, la circulation paraît celle dont
les variations brusques ont le plus d'influence sur les
états affectifs et se traduisent par un contre-coup
immédiat ; mais laissons les conjectures de détail
pour voir les faits.

Dans les états connus sous les noms d'hypochondrie,
lypémanie, mélancolie (avec toutes ses formes), nous
trouvons des altérations de la personnalité qui comportent tous les degrés possibles, y compris la métamorphose complète. Les médecins établissent entre
ces différents états morbides des distinctions cliniques
qui n'importent pas ici. Nous pouvons les comprendre
dans une description commune. Il y a un sentiment de
fatigue, d'oppression, d'anxiété, d'abattement, de tristesse, absence de désirs, ennui permanent. Dans les
cas les plus graves, la source des émotions est complètement tarie : « Les malades sont devenus insensibles
à tout, ils n'ont plus d'affection, ni pour leurs parents,
ni pour leurs enfants, et la mort même des personnes
qui leur étaient chères les laisserait absolument froids
et indifférents. Ils ne peuvent plus pleurer, et rien ne
les émeut en dehors de leurs propres souffrances [1]. »
En ce qui concerne l'activité : torpeur, impossibilité

---

1. Falret, *Archives générales de médecine*, décembre 1878.

d'agir et même de vouloir, inaction insurmontable pendant de longues heures, bref, cette « aboulie » dont nous avons étudié toutes les formes en parlant des maladies de la volonté. En ce qui concerne le monde extérieur, le malade, sans être halluciné, trouve ses relations toutes changées. Il semble que ses sensations habituelles ont perdu leur caractère propre. « Tout ce qui m'entoure, disait l'un d'eux, est encore comme jadis, cependant il doit s'être fait quelques changements; les choses ont encore leurs anciennes formes, je les vois bien et pourtant elles ont aussi beaucoup changé. » Un malade d'Esquirol se plaint « de ce que son existence est incomplète. Chacun de mes sens, chaque partie de moi-même est pour ainsi dire séparée de moi et ne peut plus me procurer aucune sensation : il me semble que je n'arrive jamais jusqu'aux objets que je touche. » Cet état, dû quelquefois à une anesthésie cutanée, peut grandir au point « qu'il paraît au malade que le monde réel est complètement évanoui, ou est mort, et qu'il ne reste plus qu'un monde imaginaire où il est anxieux de se trouver [1]. » — Ajoutons à ce tableau les phénomènes physiques : troubles de la circulation, de la respiration, des sécrétions. L'amaigrissement peut être considérable et le poids du corps diminuer rapidement pendant la période de dépression. La fonction respiratoire se ralentit, la circulation de même et la température du corps s'abaisse.

Peu à peu, ces états morbides prennent corps, s'orga-

----

1. Griesinger, *Traité des maladies mentales*, trad. franç., p. 265. — *L'Encéphale*, juin, 1882.

nisent, s'unifient en une conception fausse qui, susci-
tée par le mécanisme psycho-physiologique de l'association, devient à son tour un centre d'attraction vers
lequel tout converge. L'un dit que son cœur est pétrifié,
l'autre que ses nerfs sont des charbons ardents, etc. Ces
aberrations ont des formes innombrables et varient
d'une personne à l'autre. Au degré extrême, l'individu
doute de son existence ou la nie. Un jeune homme,
tout en se disant mort depuis deux ans, exprimait ainsi
sa perplexité : « J'existe, mais en dehors de la vie réelle,
matérielle et malgré moi, rien ne m'ayant donné la
mort. Tout est mécanique chez moi et se fait incon-
sciemment. » Cette situation contradictoire où le sujet
se dit à la fois vivant et mort n'est-il pas l'expression
logique, naturelle, d'un état où l'ancien moi et le nouveau, la vitalité et l'anéantissement, se font équilibre?

Au reste, l'interprétation psychologique de tous ces
cas n'est pas douteuse : perturbations organiques,
dont le premier résultat est de déprimer la faculté de
sentir en général, le second de la pervertir. Il se forme
ainsi un groupe d'états organiques et psychiques qui
tendent à modifier la constitution du moi, profondément, dans sa nature intime, parce qu'ils n'agissent pas
à la manière des émotions brusques dont l'effet est
violent et superficiel, mais par actions lentes, sourdes,
d'une ténacité invincible. D'abord cette nouvelle manière d'être apparaît à l'individu comme étrangère, hors
de son moi. Peu à peu, par accoutumance, elle y fait
sa place, en devient partie intégrante, en change la
constitution et, si elle est de nature envahissante, le
transforme en entier.

En voyant comment le moi se défait, nous comprenons comment il se fait. Sans doute, dans la plupart des cas, l'altération n'est que partielle. L'individu, tout en devenant autre pour lui et pour ceux qui le connaissent, conserve un fonds de lui-même. La tranformation complète ne peut être en fait qu'un cas rare : et remarquons que lorsque le malade se dit changé, transformé, malgré les dénégations ou les rires de ses proches, il a raison contre eux. Il ne peut pas se sentir autrement, car sa conscience n'est que la traduction de son état organique. Subjectivement, il n'est le jouet d'aucune illusion, il est ce qu'il doit être. C'est au contraire l'hypothèse inconsciente, inavouée, d'un moi indépendant, existant par lui-même comme une entité inaltérable, qui pousse instinctivement à croire que ce changement est un événement extérieur, un habillement insolite ou ridicule dont la personnalité est affublée, tandis que le changement est intérieur et suppose dans la substance même du moi des acquisitions et des pertes.

La contre-partie de ces altérations partielles du moi se rencontre dans les cas où il s'exalte, s'amplifie et dépasse sans mesure.son ton normal. On en trouve des exemples au début de la paralysie générale, dans certains cas de manie, dans la période d'excitation de la folie circulaire. C'est en tout l'inverse du tableau précédent : sentiment de bien-être physique et moral, de surabondance de force, d'activité exubérante qui se prodigue en discours, en projets, en entreprises, en voyages incessants et vains. A la surexcitation de la vie psychique correspond une suractivité des fonctions organiques. La nutrition augmente, souvent d'une manière exagérée, la respiration et la circulation s'accélèrent, la fonction génitale s'exalte; et, malgré une grande dépense de forces, l'individu ne ressent aucune fatigue. Puis ces états se groupent, s'unifient et finalement transforment le moi en grande partie. L'un se sent une force herculéenne, il peut soulever des poids prodigieux, procréer des milliers d'enfants, suivre à la course un train de chemin de fer, etc. L'autre a une science inépuisable, il se sent grand poète, grand inventeur, grand artiste. Parfois la transformation se rapproche encore plus de la métamorphose complète : envahie par le sentiment de sa puissance sans bornes, la personne se dit pape, empereur, dieu. « Le malade, dit justement Griesinger, se sentant orgueilleux, hardi, enjoué, trouvant en lui une liberté inaccoutumée dans ses déterminations, sentant le trop-plein de sa pensée, est amené naturellement à avoir des idées de grandeur, d'élévation, de richesse, d'une grande puissance morale ou intellectuelle qui seule peut posséder à un semblable degré la liberté de penser et de vouloir. Cette idée exagérée de force et de liberté doit cependant avoir un motif, il doit y avoir dans le moi quelque chose qui lui corresponde, le moi doit être devenu momentanément tout autre, et ce changement, le malade ne peut l'exprimer qu'en disant qu'il est Napoléon, le Messie ou quelque haut personnage [1]. »

Nous ne perdrons pas notre temps à faire voir que

____

1. *Ouvrage cité*, p. 333.

cette transformation du moi, partielle ou complète, momentanée ou permanente, est de même nature que dans les cas précédents, suppose le même mécanisme, avec cette seule différence que le moi se défait ici en sens inverse, non par défaut, mais par excès.

Ces altérations de la personnalité en plus ou en moins, cette métamorphose du moi qui l'élève ou l'abaisse, seraient encore plus piquantes si elles se succédaient régulièrement chez le même individu. Or ce cas est fréquent dans la folie dite circulaire ou à double forme, caractérisée essentiellement par des périodes successives de dépression et d'excitation qui se suivent dans un ordre invariable, avec quelques intermittences de lucidité chez certains malades. On voit alors un fait bien curieux. Sur la personnalité qu'on peut appeler primitive et fondamentale dont il subsiste des restes bien altérés, se greffent tour à tour deux personnalités nouvelles non seulement très distinctes, mais qui s'excluent totalement. Ici, le résumé de quelques observations devient indispensable [1].

Une femme, observée par Morel, avait été livrée au vice par sa mère, dès l'âge de quatorze ans. « Soumise plus tard à toutes les angoisses de la honte et de la misère, elle n'eut d'autre ressource que de se jeter dans une maison de prostitution. Elle en fut retirée un an après et placée au couvent du Bon-Pasteur, à Metz. Elle y resta deux ans, et la réaction trop vive qui s'opéra dans ses sentiments, fit éclater une manie

---

1. On les trouvera *in extenso*, dans Ritti, *Traité clinique de la folie à double forme* Paris, 1883, observations XVII, XIX, XXX et XXXI.

religieuse qui fut suivie d'une période de profonde stupidité. » C'est alors que, livrée aux soins du médecin elle passe par des périodes alternatives où elle se croit tour à tour prostituée et religieuse. En sortant de la période de stupidité, « elle se met à travailler avec régularité, parle avec convenance; mais elle arrange sa toilette avec une certaine coquetterie. Puis cette tendance augmente, les yeux sont brillants, le regard lascif, elle danse, chante. Enfin l'obscénité de ses paroles et ses provocations érotiques nécessitent son placement dans un quartier solitaire... Elle dit s'appeler Mme Poulmaire et donne les détails les plus cyniques sur son ancien état de prostituée. » Puis, après une période d'abattement, « elle redevient douce et timide; elle pousse le sentiment de la décence jusqu'au scrupule. Elle arrange sa toilette avec une sévérité extrême. L'intonation de sa voix a quelque chose de particulier. Elle parle du Bon-Pasteur de Metz et de son désir d'y retourner : elle s'appelle maintenant sœur Marthe des Cinq-Plaies, Thérèse de Jésus, sœur Marie de la Résurrection. Elle ne parle plus à la première personne : Prenez *notre* robe, dit-elle à la sœur, voilà *notre* mouchoir. Rien ne lui appartient plus en propre (suivant la règle des couvents catholiques)... Elle voit des anges qui lui sourient; elle a des moments d'extase. »

Dans un autre cas rapporté par Krafft-Ebing, un homme névropathique et issu d'aliéné, « pendant la période dépressive, était dégoûté du monde, préoccupé de la pensée d'une mort prochaine, de l'éternité, et pensait alors à se faire prêtre. Durant les périodes maniaques, il est turbulent, étudie avec fureur, ne veut plus entendre parler de théologie et ne pense qu'à pratiquer la médecine. »

Une folle de Charenton, d'un esprit très distingué et très ingénieux, « changeait de personnage, de condition, de sexe même, du jour au lendemain. Tantôt fille de sang royal et flancée à un empereur, tantôt plébéienne et démocrate, aujourd'hui mariée et enceinte, demain encore vierge. Il lui arrivait aussi de se prendre pour un homme; elle se figura un jour être un prisonnier politique d'importance et composa des vers à ce sujet. »

Enfin dans l'observation suivante, nous trouvons la formation complète d'une seconde personnalité. « Un aliéné de la maison de Vanves, dit Billod [1], tous les dix-huit mois environ, laissait pousser sa barbe et se présentait avec un extérieur et des manières insolites à toute la maison, comme étant un lieutenant d'artillerie nommé Nabon, récemment arrivé d'Afrique pour remplacer son frère. Il disait que, avant de partir, celui-ci lui avait donné des renseignements sur tout le monde, et il demandait et obtenait l'honneur d'être présenté à chacun, à son arrivée. Le malade restait alors plusieurs mois dans un état d'exaltation prononcée, conformant toute sa conduite à sa nouvelle individualité — Au bout de quelque temps, il annonçait le retour de son frère, qu'il disait être dans le village et qui devait venir le remplacer. Puis un jour, il faisait complètement couper sa barbe, changeait complètement d'habitude et de maintien, et reprenait son véritable nom. Mais il

---

1. *Annales médico-psychologiques*, 1858, *ap.* Ritti, *ouvrage cité* p. 156.

présentait alors un cachet prononcé de mélancolie, se promenant lentement, silencieux et solitaire, lisant habituellement l'*Imitation de Jésus-Christ* et les *Pères de l'Église*, et il restait dans cet état mental, qui est lucide si l'on veut, mais que je suis loin de considérer comme normal, jusqu'au retour du lieutenant Nabon. »

Les deux premiers cas cités ne sont, en définitive, qu'une exagération, un grossissement considérable de ce qui se passe à l'état normal. Notre moi à tous est constitué par des tendances contradictoires : vertus et vices, modestie et orgueil, avarice et prodigalité, désir du repos et besoin de l'action, et bien d'autres. A l'ordinaire, ces tendances opposées se font équilibre ou du moins celle qui prévaut n'est pas sans contrepoids. Ici, grâce à des conditions organiques assez bien déterminées, il n'y a pas seulement impossibilité d'équilibre : un groupe de tendances s'hypertrophie aux dépens du groupe antagoniste qui s'atrophie ; puis une réaction a lieu en sens inverse, en sorte que la personnalité, au lieu de consister en ces oscillations moyennes dont chacune représente un côté de la nature humaine, passe toujours d'un excès à l'autre. Remarquons en passant que ces maladies de la personnalité consistent en une réduction à un état plus simple ; mais le moment n'est pas venu d'insister sur ce point.

II

La nutrition étant moins une fonction que la propriété fondamentale de tout ce qui vit, les tendances et sen-

timents qui s'y rattachent ont un caractère très général.
Il n'en est plus de même pour ce qui concerne la conservation de l'espèce. La fonction, liée à une partie
déterminée de l'organisme, se traduit par des sentiments d'un caractère très net. Elle est donc tout à fait
propre à vérifier notre thèse ; car, si la personnalité est
un composé variant d'après ses éléments constitutifs,
un changement dans les instincts sexuels la changera,
une perversion la pervertira, une interversion l'inter-
vertira : c'est ce qui arrive.

Rappelons d'abord des faits bien connus, quoiqu'on
n'en tire pas généralement les conclusions qu'ils
imposent. A la puberté, un nouveau groupe de sensations et par suite de sentiments et d'idées se fait jour.
Cet afflux d'états psychiques inaccoutumés, stables
parce que leur cause est stable, coordonnés entre eux
parce que la source est la même, tend à modifier profondément la constitution du moi. Il se sent indécis,
troublé d'un malaise vague et latent dont la cause lui
échappe ; peu à peu, ces nouveaux éléments de la vie
morale sont assimilés par l'ancien moi, entrent en lui,
deviennent lui, mais en le faisant autre. Il est changé ;
une altération partielle de la personnalité s'est accom-
plie, dont le résultat a été de constituer un nouveau
type de caractère : le caractère sexuel. Ce développement d'un organe et de ses fonctions, avec leur cor-
tège d'instincts, d'images, de sentiments et d'idées, a
produit dans la personnalité neutre de l'enfant une
différenciation, en a fait un moi mâle ou femelle, au
sens complet. Jusque-là il n'y en avait qu'une ébauche, grâce à laquelle toutefois le changement a pu se

faire sans choc brusque, sans rupture entre le passé et le présent, sans changement complet de la personnalité.

Si maintenant nous passons du développement normal aux exceptions et aux cas morbides, nous trouvons des variations ou des transformations de la personnalité, liées à l'état des organes génitaux.

L'effet de la castration sur les animaux est bien connu. Il ne l'est pas moins chez l'homme. A part quelques exceptions (on en trouve même dans l'histoire), les eunuques représentent une déviation du type psychique. « Tout ce qu'on sait sur eux, dit Maudsley, corrobore cette opinion qu'ils sont pour la plupart faux, menteurs, lâches, envieux, méchants, dépourvus de sentiments sociaux et moraux, mutilés d'esprit comme de corps. » Que cette dégradation morale résulte directement de la castration, comme certains auteurs le soutiennent, ou indirectement d'une situation sociale équivoque, cela importe peu pour notre thèse : directe ou indirecte, la cause reste la même.

Chez les hermaphrodites, l'expérience vérifie ce qu'on pouvait prédire *à priori*. Avec les apparences d'un sexe, ils présentent quelques-uns des caractères de l'autre; mais, loin de cumuler les deux fonctions, ils n'offrent que des organes incomplets le plus souvent dépourvus de tout rôle sexuel. Leur caractère moral est tantôt neutre, tantôt masculin, tantôt féminin. On en trouvera d'abondants exemples chez les écrivains qui ont étudié la question [1]. « Parfois l'herma-

1. Pour les faits, consulter Isid. Geoffroy Saint-Hilaire : *His-*

phrodite, après avoir manifesté un goût très vif pour les femmes, est ramené par la descente des testicules à des instincts tout opposés. » Dans un cas récent observé par le Dr Magitot, une hermaphrodite femme montre successivement des goûts féminins et des appétits masculins très prononcés. « En général, les facultés affectives et les dispositions morales subissent le contre-coup de la conformation vicieuse des organes. Toutefois, il est juste, ajoute Tardieu, de faire une large part à l'influence des habitudes et des occupations qu'impose à ces individus l'erreur commise sur leur sexe réel. Quelques-uns, élevés, dès l'origine, vêtus, placés, parfois mariés comme des femmes, conservent les pensées, les habitudes. les manières d'agir féminines. Tel est le cas de Maria Arsano, mort à quatre-vingts ans, homme en réalité, chez qui les habitudes avaient féminisé le caractère. »

Je n'ai pas l'intention de faire ici une revue des perversions ou aberrations de l'instinct sexuel [1] dont chacune inflige sa marque à la personnalité et l'entame peu ou beaucoup, en passant ou pour toujours. Comme terme de ces altérations partielles, nous avons la transformation totale, le changement de sexe. Il y en a beaucoup d'exemples : le suivant peut servir de type Lallemant raconte « le fait d'un malade qui se croyait femme et écrivait des lettres à un amant imaginaire. A

----

loire des anomalies, t. II, p. 65 et suivantes. — Tardieu et Laugier, *Dictionnaire de médecine*, art. HERMAPHRODISME, etc.

1. Pour l'exposition complète de cette question voir l'article du Dr Gley « Sur les aberrations de l'instinct sexuel », dans la *Revue philosophique* de janvier 1884.

l'autopsie, on constata une hypertrophie avec induration de la prostate et une altération des canaux éjaculateurs. » Il est probable que, dans beaucoup de cas de ce genre, il y a eu perversion ou abolition des sensations sexuelles.

Il y a cependant des exceptions qu'il faut signaler. Plusieurs observations détaillées (on en trouvera dans Leuret, *Fragments psych.*, p. 114 et suivantes) nous parlent d'individus qui prennent les allures, les habitudes, la voix et, quand ils le peuvent, les vêtements de leur sexe imaginaire, sans présenter aucune anomalie anatomique ou physiologique des organes sexuels. Dans ces cas, il faut que le point de départ de la métamorphose soit ailleurs. Il ne peut être que dans l'organe cérébro-spinal. Remarquons, en effet, que tout ce qui a été dit de l'organe sexuel comme constituant ou modifiant la personnalité ne doit pas s'entendre simplement de l'organe en lui-même, délimité par sa conformation anatomique; on doit y comprendre aussi ses connexions avec l'encéphale où il est représenté. Les physiologistes placent dans la région lombaire de la moelle le centre génito-spinal réflexe. De ce centre à l'encéphale, c'est l'inconnu : car l'hypothèse de Gall qui faisait du cervelet le siège de l'amour physique, malgré quelques observations favorables de Budge et de Lussana, est assez peu en faveur. Quelle que soit l'ignorance actuelle sur ce point, il faut bien que les impressions sexuelles aboutissent dans l'encéphale, puisqu'elles sont senties, et qu'il y ait des centres d'où les incitations psychiques se transmettent aux organes sexuels pour les mettre en action. Ces éléments nerveux, quels qu'en soient la nature, le nombre et le siège, qu'ils soient localisés ou disséminés, sont les représentants cérébraux, et par suite psychiques, de l'organe sexuel; et comme en faisant naître un état de conscience particulier, ils en suscitent d'ordinaire d'autres, il faut bien qu'il y ait une association entre ce groupe d'états psychophysiologiques et un certain nombre d'autres. La conclusion à tirer, dans les cas précités, c'est qu'il s'est produit un désordre cérébral de nature inconnue (une femme qui se croit homme, un homme qui se croit femme), dont le résultat est un état de conscience fixe et erroné. Cet état fixe, à prédominance exclusive, suscite des associations naturelles, presque automatiques, qui en sont comme le rayonnement (sentiments, démarche, langage, habillement du sexe imaginaire) : il tend à se compléter. C'est une métamorphose qui vient d'en haut et non d'en bas. Nous avons là un exemple de ce qu'on appelle l'influence du moral sur le physique; et nous essayerons de montrer plus loin que le moi sur lequel ont raisonné la plupart des psychologues (il ne s'agit pas du moi réel) est formé par un procédé analogue. Ces cas, d'ailleurs, appartiennent aux déviations *intellectuelles* de la personnalité dont nous parlerons dans le prochain chapitre.

Avant de quitter ce sujet, je ne voudrais pas passer sous silence quelques faits d'une interprétation bien difficile, qui ne peuvent cependant être sérieusement invoqués contre nous. Il s'agit de ces cas de « sexualité contraire » dont il a été souvent question dans ces derniers temps, et qu'il suffira de rappeler en quelques mots. Certains malades observés par Westphal, Krafft-

Ebing, Charcot et Magnan, Servaës, Gock[1], etc., présentent une interversion *congénitale* de l'instinct sexuel, d'où résulte, malgré une constitution physique normale, une attraction instinctive et violente pour une personne du même sexe, avec répulsion marquée pour le sexe contraire ; plus brièvement, « une femme est physiquement femme et psychiquement homme, un homme est physiquement homme et psychiquement femme. » Ces faits sont en désaccord complet avec ce que la logique et l'expérience nous enseignent. Le physique et le moral se contredisent. A la rigueur, ceux qui font du moi une entité pourraient s'en prévaloir, soutenir qu'ils sont une preuve de son indépendance, de son existence autonome. Ce serait là pourtant une grosse illusion, car toute leur argumentation reposerait sur deux bases bien fragiles : des faits très rares, la difficulté actuelle de les expliquer. Personne ne niera que les cas de sexualité contraire représentent une fraction infiniment petite dans la totalité des cas donnés par l'expérience. Par leur rareté, ils sont une exception ; par leur nature, une monstruosité psychologique ; mais les monstruosités ne sont pas des miracles, et il faudrait savoir d'où elles proviennent.

On pourrait essayer plusieurs explications, ce qui signifie d'ordinaire qu'aucune n'est suffisante. J'en ferai grâce au lecteur. La psychologie doit, comme toute autre science, se résigner sur beaucoup de points à une ignorance provisoire et ne pas craindre de l'avouer.

1. Charcot et Magnan, *Archives de Neurologie*, 1882, n° 7 et 12. — Westphal, *Archiv für Psychiatrie*, 1870 et 1876. — Krafft-Ebing, *Ibid.*, 1877, etc.

Scus ce rapport, elle diffère de la métaphysique qui se charge de tout expliquer. Les savants, qui du point de vue propre de la médecine ont étudié ces êtres étranges, en font des dégénérés. Le curieux pour nous serait de savoir pourquoi la dégénérescence a pris cette forme et non pas une autre. Il est vraisemblable que l'éclaircissement de ce mystère doit être cherché dans les éléments multiples de l'hérédité, dans le jeu compliqué des influences mâles et femelles qui sont en lutte ; mais je laisse ce soin à des esprits plus clair-voyants et plus heureux. La question des causes écar-tée, on ne peut guère se refuser à admettre une dévia-tion du mécanisme cérébral, comme dans les cas de Leuret et leurs analogues. Au reste, l'influence des organes sexuels sur la nature et la formation du carac-tère est si peu contestée qu'insister serait du temps perdu et qu'une explication hypothétique de la sexua-lité contraire n'avancerait en rien nos recherches.

III

Les instincts, désirs, tendances, sentiments relatifs à la conservation de l'individu et à celle de l'espèce ont leurs conditions matérielles bien déterminées, les premières dans la totalité de la vie organique, les secondes dans un appareil particulier. Mais, lorsque des formes primitives et fondamentales de la vie affec-tive, on passe à celles qui sont de seconde formation, nées plus tard au cours de l'évolution (tendances so-ciales, morales, intellectuelles, esthétiques, etc.), outre l'impossibilité de leur assigner des bases organiques immédiates, ce qui nous condamne à tâtonner, on remarque qu'elles n'ont plus le même degré de généralité : sauf peut-être les tendances morales et sociales, aucune n'exprime l'individu dans sa totalité ; elles sont partielles, elles ne représentent qu'un groupe dans l'ensemble de ses tendances. Aussi aucune d'elles toute seule n'a le pouvoir de produire une métamorphose de la personnalité. Tant que cette habitude qu'on nomme le sentiment du corps et cette autre habitude qui est la mémoire n'entrent pas en jeu, il ne peut y avoir de transformation complète : l'individu peut devenir autre, il ne devient pas un autre.

Toutefois ces variations, même partielles, ont leur intérêt. Elles montrent la transition de l'état normal à l'état morbide. En étudiant les maladies de la volonté nous avons trouvé dans la vie courante de nombreuses ébauches des formes les plus graves. Ici, de même, l'observation vulgaire nous montre combien le moi normal a peu de cohésion et d'unité. A part les caractères tout d'une pièce (au sens rigoureux du mot, il ne s'en trouve pas), il y a en chacun de nous des tendances de toute sorte, tous les contraires possibles, et entre ces contraires toutes les nuances intermédiaires, et entre ces tendances toutes les combinaisons. C'est que le moi n'est pas seulement une mémoire, un emmagasinement de souvenirs liés au présent, mais un ensemble d'instincts, tendances, désirs, qui ne sont que sa constitution innée et acquise, entrant en action. Pour employer des expressions en vogue, on peut dire que la mémoire est le moi statique, le groupe des tendances, le moi dynamique. Si au lieu d'être guidé à son insu par cette conception d'un moi entité, — préjugé que l'éducation autant que le prétendu témoignage de la conscience nous a inculqué, — on consentait à le prendre tel qu'il est, c'est-à-dire comme une coordination de tendances et d'états psychiques dont la cause prochaine doit être cherchée dans la coordination et le consensus de l'organisme, on ne s'étonnerait plus de ces oscillations, — incessantes chez les caractères mobiles, rares chez les caractères stables, — qui, pendant un temps, long, court ou même presque insaisissable, montrent la personne sous un jour nouveau. Un état organique, une influence extérieure renforcent une tendance; elle devient un centre d'attraction vers lequel convergent les états et tendances directement associés; puis les associations gagnent de proche en proche : le centre de gravité du moi se trouve déplacé et la personnalité est devenue autre. « Deux âmes, disait Gœthe, habitent dans ma poitrine. » Pas deux seulement. Si les moralistes, les poètes, les romanciers, les dramaturges nous ont montré à satiété ces deux *moi* en lutte dans le même moi, l'expérience vulgaire est encore plus riche : elle nous en montre plusieurs, chacun excluant les autres, dès qu'il passe au premier plan. C'est moins dramatique, mais plus vrai. « Notre moi, à diverses époques, est très différent de lui-même : suivant l'âge, les divers devoirs de la vie, les événements, les excitations du moment, tels complexus d'idées qui, à un moment donné, représentent le moi, se développent plus que d'autres et se placent au premier rang. Nous sommes un autre et cependant le même. Mon moi comme médecin, mon moi comme savant, mon moi sensuel, mon moi moral, etc., c'est-à-dire les complexus d'idées, de penchants et de direction de la volonté qui sont désignés par ces mots, peuvent entrer en opposition et se repousser les uns les autres à un moment donné. Cette circonstance devrait avoir pour résultat non seulement l'inconsistance et la scission de la pensée et du vouloir, mais encore l'absence complète d'énergie pour chacune de ces faces isolées du moi, si, dans toutes ces sphères, n'y avait un retour plus ou moins clair pour la conscience de quelques-unes de ces directions fondamentales [1]. » L'orateur maître de sa parole, qui en parlant se juge, l'acteur qui se regarde jouer, le psychologue qui s'étudie sont encore des exemples de cette scission normale dans le moi.

Entre ces transformations momentanées et partielles dont la banalité dissimule l'importance comme document psychologique, et les états graves dont nous parlerons, il y a des variations intermédiaires plus stables, plus envahissantes, ou les deux. Le dipsomane, par exemple, a deux vies alternantes : dans l'une, sobre, rangé, laborieux ; dans l'autre, confisqué tout entier par la passion, imprévoyant, inconscient, crapuleux. N'y a-t-il pas là comme deux individus incomplets et contraires, soudés à un tronc commun? De même pour tous ceux qui sont sujets

*

1. Griesinger, *Traité des maladies mentales*, trad. Doumic, p. 55. Voir une bonne étude de M. Paulhan sur « *Les variations de la personnalité à l'état normal* », Juin 1882, dans la *Revue philosophique.*

à des impulsions irrésistibles et qui disent qu'une force étrangère les pousse à agir malgré eux. Rappelons encore ces transformations de caractère qui s'accompagnent d'anesthésie cutanée et qui ont été signalées par plusieurs aliénistes. L'un des cas les plus curieux a été observé par Renaudin Un jeune homme dont la conduite avait toujours été excellente, se livre subitement aux plus mauvaises tendances. On ne constata dans son état mental aucun signe d'aliénation évidente, mais on put voir que toute la surface de sa peau était devenue absolument insensible. L'anesthésie cutanée était intermittente. « Dès qu'elle cesse, les dispositions du jeune homme sont toutes différentes; il est docile, affectueux, comprend tout ce que sa situation a de pénible. Quand elle se manifeste, l'irrésistibilité des plus mauvais penchants en est la conséquence immédiate et nous avons constaté qu'elle pouvait aller jusqu'au meurtre. » Maudsley rapporte des cas analogues qui lui inspirent les réflexions suivantes : « Cette altération spéciale de la sensibilité cutanée est pleine d'enseignements en ce qui concerne les troubles profonds et généraux de la sensibilité, la perversion du système nerveux qui se manifeste par la perversion des affections et des haines, par leur incapacité (aux enfants) à se mêler aux jeux ou aux travaux des autres enfants, par l'impossibilité de modifier leur caractère. Ils ne peuvent sentir les impressions naturellement, ils ne peuvent s'adapter aux conditions environnantes avec lesquelles ils se mettent en désaccord, et les affections perverties du moi se traduisent par des actes d'un caractère destructeur. L'insensibilité de la peau est le signe extérieur et visible d'un défaut correspondant, intérieur et invisible, comme cela existe dans l'idiotie [1]. »

Nous revenons toujours, fatalement, à l'organisme mais cette promenade à travers des faits de tout genre, qui peut paraitre monotone, nous montre les variations de la personnalité sous tous ses aspects. Comme il n'y a pas deux cas identiques, chacun offre une décomposition particulière du moi. Les derniers nous montrent une transformation du caractère, sans lésion de la mémoire. A mesure que nous avançons dans notre revue des faits, une conclusion se dégage pour ainsi dire d'elle-même : *c'est que la personnalité résulte de deux facteurs fondamentaux, la constitution du corps avec les tendances et sentiments qui la traduisent, et la mémoire.*

Si (comme ci-dessus) le premier facteur seul est modifié, il en résulte une dissociation momentanée, suivie d'un changement partiel du moi. Si la modification est assez profonde pour que les bases organiques de la mémoire subissent une sorte de paralysie, restent incapables de réviviscence, alors la désintégration de la personnalité est complète : il n'y a plus de passé et il y a un autre présent. Alors un nouveau moi se forme, ignorant le premier le plus souvent. Nous en avons des exemples si connus que je me borne à les nommer : la dame américaine de Macnish, le cas du Dr Azam (Félida), le cas du Dr Dufay [2].

---

1. Moreau (de Tours), *Psychologie morbide*, p. 313. — Maudsley, *Pathologie de l'esprit*, trad. Germont, p. 306, 307. — Rendu, *Des anesthésies spontanees*, p. 60-67.

2. Pour les observations complètes, voir Taine, de *l'Intelligence*, t. 1, p. 165; Azam, *Revue scientifique*, 1876, 20 mai,

Par leur généralité même, ces cas ne rentrent dans aucun compartiment et nous n'avons pas de raison de les mentionner ici plutôt qu'ailleurs, sinon pour faire remarquer que la transition d'une personnalité à l'autre est toujours accompagnée d'un changement de caractère, lié (on n'en peut douter) au changement organique inconnu qui domine toute la situation. Ce changement est très bien indiqué et, à plusieurs reprises, par le Dr Azam : sa malade est, pendant une période, sombre, froide, réservée; pendant l'autre, gaie, expansive, vive jusqu'à la turbulence. Il est bien plus grand encore dans l'observation qui va suivre et que je rapporterai assez longuement parce qu'elle est très instructive[1].

Le sujet est un jeune homme de dix-sept ans, V... L., atteint d'hystéro-épilepsie, qui perdit complètement le souvenir d'une année de son existence et, pendant cette période, changea totalement de caractère.

Né d'une fille-mère « adonnée à un dévergondage notoire et d'un père inconnu, il se mit, dès qu'il put marcher, à errer et mendier par les chemins. Plus tard, il vola, fut arrêté et envoyé à la colonie pénitentiaire de Saint-Urbain où il travailla à la terre. » Un jour étant occupé dans une vigne, il prit à pleine main un serpent caché dans un fagot de sarments.

18 septembre 1877, 10 novembre 1879, 8 mars, et Dufay, *Ibid.*, 13 juillet 1876. En ce qui concerne le rôle de la mémoire dans ces cas pathologiques, nous renverrons à nos *Maladies de la mémoire*, p. 76 et suivantes.

1. La première partie de cette observation due au docteur Camuset se trouve *in extenso* dans les *Annales médico-psychologiques*, janvier 1882.

Il en eut une frayeur extrême et le soir, rentré à la colonie, il perdit connaissance. Ces crises se renouvelèrent de temps en temps, les jambes s'affaiblirent, il survint enfin une paralysie des membres inférieurs, l'intelligence restant intacte. Il fut transféré à l'asile de Bonneval. Là, on constate « que le malade a la physionomie ouverte et sympathique, que son caractère est doux, qu'il se montre reconnaissant des soins qu'on a pour lui. Il raconte l'histoire de sa vie avec les détails les plus circonstanciés, même ses vols qu'il déplore, dont il est honteux; il s'en prend à son abandon, à ses camarades, qui l'entraînaient au mal. Il regrette fort ce passé et affirme qu'à l'avenir il sera plus honnête. « On se décide à lui apprendre un état compatible avec son infirmité. Il sait lire, écrire à peu près. On le porte tous les matins à l'atelier des tailleurs, on l'installe sur une table où il prend naturellement la posture classique, grâce à la position de ses membres inférieurs, paralysés, fortement atrophiés et contracturés. Au bout de deux mois, V... sait coudre assez bien, il travaille avec zèle, on est satisfait de ses progrès. »

A cette époque, il est pris d'une attaque d'hystéro-épilepsie qui se termine après cinquante heures par un sommeil calme. C'est alors que l'ancienne personnalité reparaît.

« Au réveil, V... veut se lever. Il demande ses habits, et il réussit à se vêtir, tout en étant fort maladroit; puis il fait quelques pas dans la salle; la paraplégie a disparu. Si les jambes chancellent et soutiennent mal le corps, c'est que les muscles sont atrophiés... Une fois habillé, V... demande à aller avec ses camarades aux travaux de culture... Nous nous apercevons vite que notre sujet se croit encore à Saint-Urbain et veut reprendre ses occupations habituelles. En effet, il n'a aucun souvenir de sa crise et il ne reconnaît personne, pas plus les médecins et les infirmiers que ses camarades de dortoir. Il n'admet pas avoir été paralysé, et il dit qu'on se moque de lui.. Nous pensons à un état vésanique passager, très supposable après une forte attaque hystérique; mais le temps s'écoule, et la mémoire ne revient pas. V... se rappelle bien qu'il a été envoyé à Saint-Urbain; il sait que « l'autre jour » il a eu peur d'un serpent; mais, à partir de ce moment, il y a une lacune. Il ne se rappelle plus rien. Il n'a pas même le sentiment du temps écoulé.

« Naturellement, nous pensons à une simulation, à un tour d'hystérique, et nous employons tous les moyens pour mettre V... en contradiction avec lui-même, mais sans jamais y parvenir. Ainsi nous le faisons conduire, sans le prévenir, à l'atelier des tailleurs. Nous marchons à côté de lui, en ayant soin de ne pas l'influencer quant à la direction à suivre. V... ne sait pas où il va. Arrivé à l'atelier, il a tout l'air d'ignorer l'endroit où il se trouve, et il affirme qu'il y vient pour la première fois. On lui met une aiguille en main et on le prie de coudre. Il s'y prend aussi maladroitement qu'un homme qui se met à cette besogne pour la première fois. On lui montre des vêtements dont il a fait les grosses coutures, alors qu'il était paralysé. Il rit, a l'air de douter, mais enfin s'incline devant nos observations. Après un mois d'expériences, d'observations, d'épreuves de toutes sortes, nous restons convaincu que V... ne se souvient de rien.»

Un des points les plus intéressants de cette observation, c'est la modification qu'a subie le caractère du malade qui est un retour à sa première vie et à ses antécédents héréditaires : « Ce n'est plus le même sujet; il est devenu querelleur, gourmand; il répond impoliment. Il n'aimait pas le vin et le plus souvent donnait sa ration à ses camarades; maintenant il vole la leur. Quand on lui dit qu'il a volé autrefois. mais qu'il ne devrait pas recommencer, il devient arrogant : « s'il a volé, il l'a payé, puisqu'on l'a mis en prison. » On l'occupe au jardin. Un jour, il s'évade emportant des effets et soixante francs à un infirmier. Il est rattrapé à cinq lieues de Bonneval, au moment où, après avoir vendu ses vêtements pour en racheter d'autres, il s'apprête à prendre le chemin de fer pour Paris. Il ne se laisse pas arrêter facilement; il frappe et mord les gardiens envoyés à sa recherche. Ramené à l'asile, il devient furieux, il crie, se roule à terre. Il faut le mettre en cellule. »

Chassé de l'asile, après de nombreuses péripéties, il est interné à Bicêtre, s'échappe, s'engage dans l'infanterie de marine à Rochefort. Condamné pour vol, il est, à la suite d'une violente attaque d'hystéro-épilepsie, confié à MM. Bourru et Burot qui l'ont étudié avec le plus grand soin. A l'aide des procédés physiques de transfert, (acier, fer doux, aimant, électricité), ils ont obtenu chez leur sujet les six états suivants[1] :

1. Pour l'exposé complet de ce cas, voir Bourru et Burot *Variations de la personnalité*, 1888.

PREMIER ÉTAT. — *Hémiplégie et hémianesthésie à droite.* — État ordinaire du sujet.

« V... est bavard, violent, arrogant dans sa physionomie et son attitude ; son langage est correct, mais grossier ; il tutoie tout le monde, donne à chacun un surnom irrévérencieux. Il fume du matin au soir et obsède chacun de ses demandes indiscrètes de tabac , etc. Du reste, il est intelligent, se tient au courant de tous les événements du jour, grands et petits, affiche les opinions les plus antireligieuses et ultra-radicales en politique. Incapable d'aucune discipline, il veut *tuer* tout supérieur, ou même toute personne qui exigerait de lui une marque de respect. La parole est embarrassée ; la prononciation défectueuse ne permet d'entendre guère que la terminaison des mots. Il sait lire, mais ce vice de prononciation rend inintelligible la lecture à haute voix. Il ne peut écrire, la main droite étant paralysée. La mémoire, très précise pour les moindres détails, actuels ou récents, — il récite des colonnes entières de journal, — est très bornée dans le temps. Impossible de reporter son souvenir au delà de sa présence actuelle à Rochefort et de la dernière partie de son séjour à Bicêtre, dans le service de M. Voisin. Toutefois il a conservé la mémoire de la deuxième partie de son séjour à Bonneval, alors qu'il travaillait au jardinage. Entre Bonneval et Bicêtre s'étend une grande lacune de la mémoire. D'autre part, sa naissance, son enfance, son séjour à Saint-Urbain, le métier de tailleur qu'il a appris à son arrivée à Bonneval, lui sont totalement étrangers. »

Deuxième état. — *Hémiplégie gauche (face et membres) avec hémianesthésie.* — Cet état s'obtient par l'application de l'acier sur le bras droit.

« Au réveil, V... se trouve à Bicêtre (salle Cabanis, n° 11), le 2 janvier 1884; il est âgé de vingt et un ans; il a vu hier M. Voisin. Il est réservé dans sa tenue; la physionomie est douce; le langage est correct et poli; il ne tutoie plus et appelle chacun de nous : « Monsieur ». Il fume, mais sans passion. Il n'a pas d'opinions en politique ni en religion, et ces questions, semble-t-il dire, ne regardent pas un ignorant comme lui. Il se montre respectueux et discipliné. La parole est aisée, la prononciation d'une netteté remarquable. Il lit parfaitement bien et écrit passablement.

« Il ignore complètement tous les événements qui se sont passés depuis le 2 janvier 1884; il ne sait où il se trouve, ne connaît aucune des personnes qui l'entourent, n'est jamais venu à Rochefort, n'a jamais entendu parler de l'infanterie de marine, de la guerre du Tonkin.

« En évoquant ses souvenirs antérieurs, il raconte qu'avant d'entrer à Bicêtre, il a fait un séjour à Sainte-Anne. Au delà, dans sa vie, aucun souvenir ne subsiste. »

Troisième état. — *Hémiplégie gauche (membres seuls) avec hémianesthésie générale.* — Cet état s'obtient en appliquant un aimant sur le bras droit.

« Le malade se réveille à l'asile Saint-Georges de Bourg, en août 1882; il a dix-neuf ans. La France est en guerre avec la Tunisie, M. Grévy est président de la République; le pape est Léon XIII. Le caractère, les facultés affectives, le langage, la physionomie, les goûts sont semblables au *deuxième état*. Quant à la mémoire, elle se trouve bornée à une époque antérieure Il vient de Chartres, chez sa mère, d'où il a été envoyé à Mâcon, chez un grand propriétaire de vignobles où il était employé à la culture. Tombé malade, à plusieurs reprises. il a été soigné à l'hôpital de Mâcon, puis à l'asile de Bourg où il se trouve. Tout ce qui précède, tout ce qui suit cette courte période de sa vie lui est totalement étranger. »

QUATRIÈME ÉTAT. — *Paraplégie.* — Obtenu par l'application de l'aimant sur la nuque.

« Il vient de voir plusieurs personnes de l'asile de Bonneval. Il est poli, timide, triste même; sa prononciation est nette, mais son langage est incorrect, impersonnel, enfantin. Il a oublié à écrire et à lire; il épèle les lettres capitales. Son intelligence est très obtuse; sa mémoire confuse ne sait rien des événements ni des personnages de cette époque. Il ne connaît que deux endroits : Bonneval où il croit être, et Saint-Urbain d'où il vient, où il était, dit-il, paralysé, couché. Toute la partie antérieure de sa vie, de sa naissance à l'accident de la vipère qui a causé sa maladie; tout ce qui a suivi l'attaque et le changement spontané d'état à Bonneval, lui sont absolument inconnus. Il ne reconnaît point le lieu où il se trouve et ne nous a jamais vus, nous qui l'entourons. Son occupation ordinaire est le travail à l'atelier des tailleurs; il coud en homme habitué. »

CINQUIÈME ÉTAT. — *Ni paralysie, ni anesthésie.* —

Obtenu par l'électricité statique, ou par l'application de l'aimant sur la partie antérieure de la tête.

« Il reprend conscience à Saint-Urbain en 1877; il a quatorze ans. Le maréchal de Mac-Mahon est président de la République, Pie IX est pape. Timide comme un enfant, sa physionomie, son langage, son attitude concordent parfaitement. Il sait très bien lire et convenablement écrire. Il connaît toute son enfance, les mauvais traitements qu'il recevait à Luysant, etc.

« Il se rappelle avoir été arrêté et condamné à l'internement dans une maison de correction. Il est à la colonie pénitentiaire que dirige M. Pasquier. Il apprend à lire à l'école de Mlle Breuille, l'institutrice de Saint-Urbain. Il est employé aux travaux de l'agriculture. Son souvenir s'arrête exactement à l'accident de la vipère, dont l'évocation amène une crise terrible d'hystéro-épilepsie. »

SIXIÈME ÉTAT. — *Ni paralysie, ni anesthésie.* — Obtenu par l'application du fer doux sur la cuisse droite.

« Il reprend conscience le 6 mars 1885; il a vingt-deux ans; il connaît les événements contemporains, les personnages au pouvoir; mais Victor Hugo, grand poète, sénateur, est encore vivant. Ce n'est plus l'enfant timide de tout à l'heure, c'est un jeune homme convenable, ni pusillanime ni arrogant; il est soldat d'infanterie de marine. Le langage est correct, la prononciation nette. Il lit très bien et écrit convenablement. Sa mémoire embrasse toute sa vie, à l'exception d'une seule époque, celle où il était paraplégique à Saint-Urbain et à Bonneval. Aussi ne se rappelle-t-il point avoir jamais été tailleur et ne sait-il point coudre.

« Voilà donc six états différents de la conscience do^{nt} l'ensemble embrasse la vie entière du sujet.

« Ils ont tous été obtenus par des agents physiques, parallèlement aux manifestations de la sensibilité et de la motilité, si bien que l'expérimentateur, en agissant sur l'état somatique, peut à son gré obtenir tel ou tel état connu de la conscience, état complet pour l'époque qu'il embrasse, c'est-à-dire avec sa mémoire limitée du temps, des lieux, des personnes, des connaissances acquises, des mouvements automatiques appris (écriture, art du tailleur), avec ses sentiments propres et leur expression par le langage, le geste, la physionomie. La concordance est complète.

« Il nous restait à faire l'épreuve complémentaire: agir directement sur l'état de conscience, et constater si l'état somatique se transformerait parallèlement.

« Pour agir sur l'état psychique, nous n'avons d'autre moyen que la suggestion en somnambulisme. Nous faisons donc la suggestion suivante : « V..., tu vas te réveiller à Bicêtre, salle Cabanis. » V... obéit; au sortir du somnambulisme provoqué, il se croit au 2 janvier 1884; l'intelligence, les facultés affectives sont exactement telles que nous les avons vues et décrites dans le *deuxième état*. En même temps, il se trouve hémiplégique et hémianesthésique à gauche; la force au dynamomètre, la zone hystérogène, tout est transféré comme dans le *deuxième état*.

« Dans une autre suggestion, nous lui commandons de se trouver à Bonneval, alors qu'il était tailleur. L'état psychique obtenu est semblable à celui décrit au *quatrième état* et simultanément est apparue la paraplégie

avec contracture et insensibilité des parties inférieures
du corps. »

Ainsi, concluent MM. Bourru et Burot :

« 1° En agissant sur l'état somatique par les moyens
physiques, l'expérimentateur place le sujet dans l'état
concordant de sa conscience ;

« 2° En agissant sur l'état psychique, il fait apparaître
l'état somatique concordant. »

Notre personnalité consciente — plus clairement, la
conscience que chacun de nous a de son état actuel re-
lié à des états antérieurs — ne peut jamais être qu'une
faible portion de notre personnalité totale qui reste en-
fouie en nous. A l'état normal, la connexion entre les
deux est suffisante et cohérente. Nous sommes pour
nous-mêmes et pour les autres une histoire vivante,
sans grande lacune. Mais si, dans ce substratum inconscient (physiologique) d'où tout émerge, des groupes
énormes restent inactifs, le moi ne peut plus s'apparaître à lui-même conformément à son histoire vraie.
De l'état pathologique à l'état normal, il n'y a de différence que du plus au moins. La conscience ne nous
révèle à chaque instant notre moi que sous un seul
aspect, entre plusieurs possibles.

IV

Bien que nous n'ayons pas encore étudié les anomalies de la personnalité sous toutes leurs formes,
il ne sera pas déplacé d'essayer dès à présent quelques conclusions, au moins partielles et provisoires,

qui diminuent l'obscurité du sujet. Je m'en tiendrai d'ailleurs à un seul point, — à ces cas de fausse personnalité, réductibles à une idée fixe, à une idée maîtresse vers laquelle converge tout le groupe des idées concordantes, les autres étant éliminées et comme anéanties. Tels sont ceux qui se croient Dieu, pape, empereur, parlent et agissent en conséquence. L'étude des conditions intellectuelles de la personnalité nous en réserve beaucoup d'exemples (les hypnotisés à qui l'on impose un personnage ou un rôle) : ceux que nous connaissons déjà suffisent pour nous demander ce qu'ils apprennent.

A première vue, ces cas sont assez simples quant au mécanisme de leur formation. L'origine première est obscure : pourquoi telle conception s'est elle produite et non telle autre? Le plus souvent, on n'en sait rien ; mais, une fois née, la conception morbide grandit et s'achève par l'automatisme pur et simple de l'association. Aussi mon intention n'est pas d'insister sur ce point, mais de faire voir que ces cas pathologiques nous expliquent une illusion dans laquelle la psychologie fondée sur la seule observation intérieure est presque toujours tombée et qui peut se résumer ainsi : substituer au moi réel un moi factice, beaucoup plus simple.

Pour saisir la personnalité réelle, concrète et non une abstraction qui prend sa place, il ne s'agit pas de se renfermer dans sa conscience, les yeux clos, et de l'interroger obstinément; il faut au contraire ouvrir les yeux et observer. L'enfant, le paysan, l'ouvrier, les millions de gens qui courent les rues ou les

champs, qui n'ont jamais entendu parler de Fichte
ni de Maine de Biran, qui n'ont jamais lu de disser-
tations sur le moi et le non-moi, ni même une ligne
de psychologie, ont chacun leur personnalité bien
nette et à chaque instant l'affirment instinctivement.
Depuis cette époque oubliée où leur moi s'est constitué, c'est-à-dire s'est formé comme un groupe cohé-
rent au milieu des événements qui l'assaillent, ce
groupe se maintient sans cesse, en se modifiant inces
samment. Pour une grande part, il est composé d'états
et d'actes presque automatiques qui constituent chez
chacun le sentiment de son corps et la routine de la
vie, qui servent de support à tout le reste, mais dont
toute altération, même courte et partielle, est immédiatement sentie. Pour une bonne part encore, il est
composé d'un ensemble de sensations, images, idées
représentant le milieu habituel où l'on vit et se meut,
avec les souvenirs qui s'y rattachent. Tout cela représente des états organisés, solidement liés entre eux,
se suscitant les uns les autres, formant corps. Nous
constatons actuellement le fait, sans chercher la cause.
Tout ce qui est nouveau, inusité, changement dans
l'état du corps ou de son milieu, est sans hésitation
adopté, classé par un acte instinctif, comme faisant
partie de la personnalité ou comme lui étant étrangère. Ce n'est pas par un jugement net et explicite
que cette opération se fait à chaque instant, mais
par une logique inconsciente bien plus profonde que
l'autre. S'il fallait caractériser d'un mot cette forme
naturelle, spontanée, réelle de la personnalité, je
l'appellerais une *habitude*, et elle ne peut être autre

chose n'étant, comme nous le soutenons, que l'expression d'un organisme. Si le lecteur, au lieu de s'observer lui-même, veut bien procéder objectivement,
c'est-à-dire observer et interpréter à l'aide des données
de sa conscience l'état de ceux qui n'ont jamais réfléchi sur leur personnalité (et c'est l'immense majorité du genre humain), il verra que la thèse précédente
est exacte et que la personnalité réelle s'affirme non
par la réflexion, mais par les actes.

Voyons maintenant la personnalité factice ou artificielle. Lorsque le psychologue, par l'observation intérieure, essaye, comme il dit, de se saisir lui-même,
il tente l'impossible. Au moment où il se met à la
tâche, ou bien il s'en tient au présent, ce qui ne
l'avance guère; ou bien, étendant sa réflexion vers
le passé, il s'affirme le même qu'il y a un an, dix ans ;
il ne fait qu'exprimer savamment et laborieusement
ce qu'un paysan sait aussi bien que lui. Avec l'observation intérieure, il ne peut saisir que des phénomènes
fugitifs, et je ne sache pas qu'on ait rien répondu à ces
remarques si justes de Hume : « Pour ma part,
lorsque j'entre au plus intime de ce que j'appelle moi,
je me heurte toujours à telle ou telle perception [1]
particulière de froid, de chaud, de lumière ou d'ombre,
d'amour ou de haine, de plaisir ou de peine. Je ne
surprends jamais mon moi dépouillé de toute perception ; je n'observe jamais rien que la perception... Si
quelqu'un, après une réflexion sérieuse et exempte de

---

[1]. Dans la langue de Hume, « perception » répond à peu près
à ce que nous appelons aujourd'hui état de conscience.

préjugés, croit avoir une autre idée de lui-même,
j'avoue que je ne puis discuter plus longtemps avec
lui. Tout ce que je peux lui accorder c'est que peut-
être il a raison aussi bien que moi et que sur ce point
nos natures diffèrent essentiellement. Il est possible
qu'il perçoive quelque chose de simple et de permanent qu'il appelle lui-même, mais je suis bien certain
quant à moi de ne pas posséder de principe de cette
nature [1]. » On a dit depuis Hume : « Par l'effort et la
résistance, nous nous sentons cause. » C'est fort bien ;
et toutes les écoles à peu près accordent que c'est
par là que le moi se distingue du non-moi ; mais le
sentiment de l'effort n'en reste pas moins un simple
état de conscience comme les autres, le sentiment
de l'énergie musculaire déployée pour produire un
acte quelconque.

Chercher par l'analyse à saisir un tout synthétique
comme la personnalité ou, par une intuition de la conscience qui dure à peine quelques secondes, à embrasser
un complexus comme le moi, c'est se poser un problème dont les données sont contradictoires. Aussi,
en fait, les psychologues ont procédé autrement. Ils
ont considéré les états de conscience comme acces-
soires et le lien qui les unit comme l'essentiel, et c'est
ce mystérieux *dessous* qui, sous les noms d'unité,
d'identité, de continuité est devenu le véritable moi.
Il est clair cependant que nous n'avons plus ici qu'une
abstraction ou, plus exactement, un schéma. A la personnalité réelle s'est substituée l'*idée de la personnalité*,

1. Tome I, p. 321.

ce qui est tout autre chose, Cette idée de la personnalité ressemble à tous les termes généraux formés de la même manière (sensibilité, volonté, etc.); mais elle ne ressemble pas plus à la personnalité réelle que le plan d'une ville à la ville elle-même. Et de même que dans les cas d'aberration de la personnalité qui nous ont amené aux présentes remarques, une seule idée s'est substituée à un complexus, constituant une personnalité imaginaire et amoindrie, de même pour le psychologue le schéma de la personnalité s'est substitué à la personnalité concrète et c'est sur ce cadre presque vide de tout contenu qu'il raisonne, induit, déduit, dogmatise. Il est clair d'ailleurs que ce rapprochement n'est fait que *mutatis mutandis* et avec beaucoup de restrictions que le lecteur découvrira de lui-même. Il y aurait lieu encore à bien d'autres remarques; mais je ne fais pas ici un travail critique.

En résumé, réfléchir sur son moi, c'est prendre une position artificielle qui en change la nature; c'est substituer une représentation abstraite à une réalité. Le vrai *moi* est celui qui sent, pense, agit, sans se donner en spectacle à lui-même; car, il est par nature, par définition, un sujet; et, pour devenir un objet, il lui faut subir une réduction, une adaptation à l'optique mentale qui le transforme et le mutile.

Jusqu'ici, nous n'avons pris la question que par son côté négatif. A quelle hypothèse positive sur la nature de la personnalité sommes-nous conduits par les cas morbides? Ecartons de prime abord l'hypothèse d'une entité transcendante, inconciliable avec la pathologie et qui d'ailleurs n'explique rien.

Ecartons aussi l'hypothèse qui fait du moi « un faisceau de sensations » ou d'états de conscience, comme on l'a souvent répété après Hume. C'est s'en tenir aux apparences, prendre un groupe de signes pour une chose, plus exactement des effets pour leur cause. De plus, si, comme nous le soutenons, la conscience n'est qu'un phénomène indicateur, elle ne peut être un état constitutif.

Il faut pénétrer plus avant, jusqu'à ce consensus de l'organisme dont le moi conscient n'est que l'expression psychologique. Cette hypothèse a t-elle plus de solidité que les deux autres? — Objectivement et subjectivement, le trait caractéristique de la personnalité, c'est cette continuité dans le temps, cette permanence qu'on appelle identité. On l'a refusée à l'organisme, en s'appuyant sur des raisons trop connues pour que je les répète; mais il est étrange qu'on .n'ait pas vu que toutes les raisons qu'on fait valoir en faveur d'un principe transcendant sont applicables à l'organisme et que toutes les raisons qu'on fait valoir contre l'organisme sont applicables à un principe transcendant. Cette remarque que tout organisme supérieur est un dans sa complexité, est aussi vieille au moins que les écrits hippocratiques et, depuis Bichat, personne n'attribue plus cette unité à un mystérieux principe vital; mais certaines gens font grand bruit de ce tourbillon, de cette rénovation moléculaire continue qui constitue la vie et disent : Où est l'identité? En fait pourtant, tout le monde croit à cette identité de l'organisme et la constate. Identité n'est pas immobilité. Si, comme le pensent quelques savants, la vie réside moins dans la substance chi-

mique du protoplasma que dans les mouvements dont
les particules de cette substance sont animées, elle
serait une « combinaison de mouvements » ou une
« forme du mouvement », et cette rénovation moléculaire continue serait elle-même subordonnée à des conditions plus profondes. Sans insister, il est évident pour
tout esprit non prévenu que l'organisme a son identité.
Dès lors, quelle hypothèse plus simple, plus naturelle,
que de voir dans l'identité consciente la manifestation
intérieure de cette identité extérieure qui est dans l'organisme? « Si l'on vient m'assurer qu'il n'y a pas une
seule particule de mon corps qui soit ce qu'elle était
il y a trente ans, que sa forme a entièrement changé
depuis, qu'il est par conséquent absurde de parler de
son identité et qu'il est absolument nécessaire de le
supposer habité par une entité immatérielle qui maintient l'identité personnelle au milieu des perpétuels
changements et des hasards de structure, je répon-
drai : que les autres personnes qui m'ont connu depuis
ma jeunesse jusqu'à mon âge actuel, qui n'ont pas
cette certitude consciente de mon identité que j'ai
moi-même, en sont néanmoins aussi convaincues que
moi, quand même elles me tiendraient pour le plus
grand menteur du monde et qu'elles ne croiraient pas
un mot de mon témoignage subjectif; qu'elles sont
également convaincues de l'identité personnelle de
leurs chiens et de leurs chevaux dont le témoignage
subjectif est nul en l'espèce; enfin que, en admettant
en moi une substance immatérielle, il faut admettre
qu'elle a subi tant de changements que je ne suis pas
sûr qu'il en reste la moindre chose de ce qu'elle était

il y a trente ans; en sorte que, avec la meilleure intention du monde, je ne vois pas quel besoin on a, ou quel
bénéfice on tire de l'entité supposée, superflue à ce
qu'il semble [1]. »

C'est encore sur cette base physique de l'organisme
que repose, d'après notre thèse, ce qu'on appelle
l'unité du moi, c'est-à-dire cette solidarité qui relie les
états de conscience. L'unité du moi est celle d'un complexus et ce n'est que par une illusion métaphysique
qu'on lui accorde l'unité idéale et fictive du point
mathématique. Elle consiste non dans l'acte d'une
« essence » prétendue simple, mais dans une coordination des centres nerveux qui représentent eux-mêmes
une coordination des fonctions de l'organisme. Assurément, nous sommes ici dans les hypothèses, mais du
moins elles n'ont aucun caractère surnaturel.

Prenons l'homme à l'état fœtal, avant la naissance
de toute vie psychique : laissons de côté ces dispositions héréditaires déjà inscrites en lui d'une manière
quelconque et qui entreront en jeu plus tard. A une
époque incertaine, au moins dans les dernières semaines, une sorte de sens du corps doit s'être produit,
consistant en un vague sentiment de bien-être ou de
malaise. Si confus qu'on le suppose, il implique certaines modifications dans les centres nerveux, autant
que leur état rudimentaire le comporte. Quand des
sensations de cause externe (objectives ou non) viennent plus tard s'ajouter à ces simples sensations
vitales, organiques, elles produisent aussi nécessaire-

[1]. Maudsley, *Body and Will*, p 77.

ment une modification dans les centres nerveux. Mais
elles ne s'inscrivent pas sur une table rase; la trame
de la vie psychique est déjà tissée, et cette trame,
c'est la sensibilité générale, le sentiment vital, qui,
même en le supposant très vague, forme en définitive,
à cette période de la vie, la presque totalité de la
conscience. Le lien des états de conscience entre eux
laisse donc entrevoir son origine. La première sensation (en supposant qu'il y en ait une à l'état isolé) ne
survient pas comme un aérolithe dans un désert; elle
se trouve liée à d'autres dès en entrant, — aux états
qui constituent le sens du corps, et qui ne sont que
l'expression psychique de l'organisme. Traduit en
termes physiologiques, cela veut dire que les modifications du système nerveux représentant matériel-
lement les sensations et les désirs qui s'ensuivent
(premiers éléments de la haute vie psychique), s'ajoutent à des modifications antérieures, représentants
matériels des sensations vitales et organiques; que des
rapports s'établissent par là même entre ces éléments
nerveux; en sorte que, dès l'origine, l'unité complexe
du moi a ses conditions d'existence et qu'elle les
trouve dans cette conscience générale de l'organisme
si oubliée et qui pourtant sert de support à tout le
reste. En fin de compte, c'est donc sur l'unité de l'organisme que tout repose : et quand la vie psychique,
sortie elle aussi de la période embryonnaire, est formée, l'esprit peut être comparé à une riche tapisserie
où la trame a complètement disparu : ici sous un dessin assez mince, ailleurs sous une épaisse broderie en
haut relief; le psychologue d'observation intérieure ne

voit que les dessins et la broderie et il se perd en conjectures pour deviner ce qu'il y a dessous ; s'il consentait à changer de position ou à regarder à l'envers, il s'éviterait bien des inductions inutiles et il en saurait plus long.

On pourrait reprendre la même thèse sous la forme d'une critique de Hume. Le moi n'est pas, comme il le disait, un simple faisceau de perceptions. Sans faire intervenir la physiologie, pour nous en tenir à la simple analyse idéologique, il y a là un oubli grave : celui des *rapports* entre les états primitifs. Le rapport est un élément d'une nature vague, d'une détermination difficile, puisqu'il n'existe pas par lui-même. Il est cependant quelque chose de plus et d'autre que les deux états qui le limitent. On trouvera dans les *Principes de psychologie* de Herbert Spencer une étude pénétrante et trop peu remarquée sur ces éléments de la vie psychique avec des hypothèses sur leurs conditions matérielles. Tout récemment, M. W. James a repris la question [1] : il compare le cours de notre conscience avec son flux inégal à la démarche d'un oiseau qui successivement vole et se perche. Les lieux de repos sont occupés par des sensations et images relativement stables ; les lieux parcourus par le vol sont représentés par des pensées de rapports entre les points de repos : ces dernières, les « portions transitives » sont presque toujours oubliées. — Il nous semble

---

1. Herbert Spencer, *Principes de psychologie*, t. I, § 65. — W. James, *Principles of psychology*, tome I, p. 237 et suiv. — Huxley, *Hume*, trad. Compayré, p. 92.

que c'est là une autre forme de notre thèse, celle de la continuité des phénomènes psychiques, grâce à un substratum profond, caché, qui doit être cherché dans l'organisme. En vérité, ce serait une personnalité bien précaire que celle qui n'aurait d'autre base que la conscience, et cette hypothèse se trouve en défaut devant les faits les plus simples; pour expliquer, par exemple, comment après six ou huit heures d'un profond sommeil, je me retrouve moi-même sans hésiter. Mettre l'essence de notre personnalité dans un mode d'existence (la conscience) qui s'évanouit pendant un tiers au moins de notre vie est une solution singulière.

Nous soutenons donc ici, comme nous l'avons fait ailleurs pour la mémoire, qu'il ne faut pas confondre l'individualité en elle-même, telle qu'elle existe à titre de fait, dans la nature des choses, avec l'individualité telle qu'elle existe pour elle-même, grâce à la conscience (personnalité). La mémoire organique est la base de toutes les formes les plus hautes de la mémoire qui ne sont qu'un perfectionnement. L'individualité organique est la base de toutes les formes les plus hautes de la personnalité qui ne sont qu'un perfectionnement : je répéterai pour la personnalité comme pour la mémoire, que la conscience la complète, l'achève, mais ne la constitue pas.

Quoique, pour ne pas allonger ces considérations déjà trop longues, je me sois rigoureusement interdit toute digression, critique des doctrines adverses, exposition des points de détail, j'indiquerai pourtant en passant une question qui se pose assez naturellement On a beaucoup discuté pour savoir si la conscience de notre identité personnelle repose sur la mémoire ou inversement. L'un dit : Il est évident que, sans la mémoire, je ne serais qu'un présent sans cesse renouvelé, ce qui coupe court à toute possibilité, même la plus faible, d'identité. L'autre dit : Il est évident que, sans un sentiment d'identité qui les relie entre eux, qui leur imprime ma marque, mes souvenirs ne sont plus miens; ce sont des événements étrangers. Ainsi donc, est-ce la mémoire qui produit le sentiment de l'identité ou le sentiment de l'identité qui fait la mémoire? Je réponds : ni l'un ni l'autre, les deux sont des *effets* dont la cause doit être cherchée dans l'organisme; car, d'une part, son identité objective se traduit par cet état subjectif que nous appelons le sentiment de l'identité personnelle; et, d'autre part, c'est en lui que sont enregistrées les conditions organiques de nos souvenirs, en lui qu'est la base de notre mémoire consciente. Le sentiment de l'identité personnelle et la mémoire, au sens psychologique, sont donc des effets dont aucun ne peut être la cause de l'autre. Leur origine commune est dans l'organisme, en qui identité et enregistrement organique (c'est-à-dire mémoire) ne font qu'un. Nous nous heurtons ici à l'une de ces questions mal posées qui, dans l'hypothèse d'une conscience-entité abondent.

CHAPITRE III

I

Dans certains états morbides, les cinq sens classiques, universellement admis, subissent des troubles
graves. Leurs fonctions sont perverties ou dénaturées.
Ces « paresthésies » et « dysesthésies » jouent-elles
un rôle dans les altérations de la personnalité? Avant
d'examiner ce point, une question préalable se pose :
Qu'advient-il dans le cas de suppression d'un ou de
plusieurs sens? La personnalité est-elle altérée, entamée, transformée? La réponse, appuyée sur l'expérience, paraît négative.

La perte totale d'un sens peut être acquise ou congénitale. Examinons d'abord le premier cas. Ecartons
les deux sens secondaires du goût et de l'odorat, ainsi
que le toucher, sous ses diverses formes, qui tient de
près à la sensibilité générale. Bornons-nous à l'ouïe
et à la vue. La cécité et la surdité acquises ne sont pas
rares : assez souvent elles entraînent des modifications

de caractère, mais ces changements n'entament pas
l'individu dans son fond; il reste le même La cécité et
la surdi-mutité congénitales atteignent plus profondément la personnalité. Les sourds-muets de naissance,
tant qu'ils sont réduits à leurs propres forces et privés
du langage artificiel, restent dans un état d'infériorité
intellectuelle notoire. On l'a parfois exagérée[1], elle est
pourtant incontestable et elle tient à des causes trop
souvent exposées pour qu'il soit nécessaire de les rappeler. La personnalité consciente tombe au-dessous de
la moyenne normale; mais il y a, dans ce cas, un arrêt
de développement plutôt qu'une altération au sens
propre.

Pour les aveugles-nés, l'ingéniosité d'esprit de beaucoup d'entre eux est très connue, et rien n'autorise à
leur attribuer une diminution ou une altération quelconque de la personnalité. Quelque bizarre que soit,
pour nous, leur conception du monde visible, qu'ils
ne se figurent que par ouï-dire, cela n'influe sérieusement ni sur la nature de leur personne, ni sur l'idée
qu'ils en ont

Si nous prenons le cas le plus célèbre de pauvreté
sensorielle, celui de Laura Brigdmann, — cas minutieusement observé et sur lequel les documents abondent[2], — nous trouvons une femme, privée dès l'âge

1. Voir sur ce point les faits rapportés par Kussmaul, *Die
Storungen der Sprache*, ch. vii, p. 16 et suiv.

2. Consultez sur Laura Brigdmann, la *Revue philosophique*,
tome I, 401 ; tome VII, 316. Les principaux documents qui la
concernent ont été recueillis par son institutrice Mary Swift
Lamson dans son ouvrage : *The life and education of Laura Dewey
Bridgmann, the deaf, dumb and blind girl*. London, Trübner, 1878.

de deux ans de la vue, de l'ouïe, presque totalement de l'odorat et du goût, réduite au toucher seul. Il faut, sans doute, faire une très large part à l'éducation patiente et intelligente qui l'a formée. Toujours est-il que ses maîtres n'ont pu lui créer des sens nouveaux et que le toucher a dû suffire à tout. Or, elle se présente à nous avec son individualité propre, son caractère bien marqué ; « un bon naturel, une bonne humeur presque inaltérable, une patience pour s'instruire égale à son ardeur » ; bref, comme une personne.

Négligeant les détails sans nombre que comportent les cas précédents, nous pouvons dire pour conclure : la privation innée ou acquise d'un ou de plusieurs sens n'entraîne aucun état morbide de la personnalité. Dans les cas les moins favorables, il y a un arrêt relatif de développement auquel l'éducation remédie.

Il est clair que, pour ceux qui soutiennent que le moi est un composé extrêmement complexe (et cette thèse est la nôtre), tout changement, addition, soustraction, dans ses éléments constitutifs, l'atteint peu ou beaucoup. Mais le but de notre analyse est précisément de distinguer, parmi ces éléments, l'essentiel de l'accessoire. L'apport des sens externes (le toucher excepté) n'est pas un facteur essentiel. Les sens déterminent, circonscrivent la personnalité, mais ne la constituent pas. Si dans les questions d'observation et d'expérience, il n'était téméraire de se fier à la logique pure, cette conclusion aurait pu être déduite *à priori*. La vue et l'ouïe sont par excellence objectifs ; ils nous révèlent le dehors, non le dedans. Quant au toucher, sens complexe que beaucoup de physiologistes démembrent en trois ou quatre sens, en tant qu'il nous fait connaître les propriétés du monde extérieur, qu'il est un œil pour les aveugles, il rentre dans le groupe de la vision et de l'ouïe; par ailleurs, il n'est qu'une forme du sentiment que nous avons de notre propre corps.

Il peut sembler étrange que les paresthésies et dysesthésies, dont nous allons nous occuper maintenant, c'est-à-dire de simples perturbations ou altérations sensorielles, désorganisent le moi. Pourtant, l'observation le démontre et la réflexion l'explique. Ce travail de destruction ne vient pas d'elles seules; elles ne sont qu'un épisode extérieur d'un désordre intérieur, plus profond, qui atteint le sens du corps. Ce sont des causes adjuvantes plutôt que efficientes. Les faits vont nous le montrer.

Les altérations de la personnalité avec troubles sensoriels, sans hallucinations au moins notables, sans perte du jugement, se rencontrent dans un certain nombre d'états morbides. Nous choisirons comme type la névrose étudiée, par Krishaber, sous le nom de « névropathie cérébro-cardiaque ». Il nous importe peu que ce groupe de symptômes mérite, ou non, d'être considéré comme une unité pathologique distincte; c'est aux médecins d'en juger [1]. Le but de notre investigation est tout autre.

Résumons les troubles physiologiques dont l'effet

---

1. *De la névropathie cérébro-cardiaque*, par le Dr Krishaber. Paris, Masson, 1873. En général, cette maladie est considérée non comme une espèce distincte, mais comme un cas particulier de l'irritation spinale ou de la neurasthénie. Voir Axenfeld et Huchard : *Traité des névroses,* 1883, p. 277 et 294.

immédiat est de produire un changement dans la cénesthésie (le sens du corps). D'abord des troubles de
la circulation, consistant surtout en une irritabilité
extrême du système vasculaire, probablement due à
une excitation du système nerveux central, d'où contraction des petits vaisseaux, ischémie dans certaines
régions, nutrition insuffisante et épuisement. Désordres
de la locomotion, étourdissements, sentiment continuel
de vertige et d'ivresse avec titubation, résolution des
membres ou démarche hésitante, impulsion involon-
taire à marcher, « comme mû par un ressort ».

En passant de l'intérieur à l'extérieur, nous trouvons
le sens du toucher qui forme la transition de la sensibilité générale aux sens spéciaux. Quelques-uns ont le
sentiment de n'avoir plus de poids ou d'être très légers.
Beaucoup ont perdu la notion exacte de la résistance,
et ne reconnaissaient pas, avec le tact seul, la forme
des objets. Ils se croient « séparés de l'univers »; leur
corps est comme enveloppé de milieux isolants qui
s'interposent entre lui et le monde extérieur.

« Il se faisait, dit l'un d'eux, comme une atmosphère obscure autour de ma personne; je voyais cependant très bien qu'il faisait grand jour. Le mot
« obscur » ne rend pas exactement ma pensée; il faudrait dire *dumpf* en allemand, qui signifie aussi bien
lourd, épais, terne, éteint. Cette sensation était non
seulement visuelle, mais cutanée. L'atmosphère *dumpf*
m'enveloppait, je la voyais, je la sentais, c'était comme
une couche, un quelque chose mauvais conducteur,
qui m'isolait du monde extérieur. Je ne saurais vous
dire combien cette sensation était profonde; il me

semblait être transporté extrêmement loin de ce monde et, machinalement, je prononçai à haute voix ces paroles : « Je suis bien loin, bien loin ». Je savais très bien, cependant, que je n'étais pas éloigné, je me souvenais très distinctement de tout ce qui m'était arrivé ; mais, entre le moment qui avait précédé et celui qui avait suivi mon attaque, il y avait un intervalle immense en durée, une distance comme de la terre au soleil. »

La vision est toujours altérée. Sans parler des troubles légers (photophobie, amblyopie), les uns voient les objets doubles ; à d'autres ils semblent plats, et un homme leur apparaît comme une image découpée et sans relief. Pour beaucoup, les objets environnants paraissent se rapetisser et s'éloigner à l'infini.

Les troubles auditifs sont de la même nature. Le malade ne reconnaît plus le son de sa voix ; elle semble venir de très loin ou se perdre dans l'espace sans pouvoir atteindre l'oreille des interlocuteurs, dont les réponses sont aussi difficilement perçues.

Si nous réunissons par la pensée tous ces symptômes (accompagnés de douleurs physiques, d'altérations du goût et de l'odorat), nous voyons surgir, brusquement et d'un bloc, un groupe de sensations internes et externes marquées d'un caractère nouveau, liées entre elles par leur simultanéité dans le temps et plus profondément encore par l'état morbide qui en est la source commune. Il y a là tous les éléments d'un nouveau moi : aussi, parfois il se forme. « J'ai perdu la conscience de mon être ; je ne suis plus moi même ». Telle est la formule qui se répète dans la plupart des observations. D'autres vont plus loin et par moments se croient doubles : « Une idée des plus étranges, qui s'impose à mon esprit malgré moi, dit un ingénieur c'est de me croire double. Je sens un moi qui pense et un moi qui exécute. » (Obs. 6.)

Ce processus de formation a été trop bien étudié par M. Taine pour que je recommence : « On ne peut mieux comparer, dit-il, l'état du patient qu'à celui d'une chenille qui, gardant toutes ses idées et tous ses souvenirs de chenille, deviendrait tout d'un coup papillon, avec les sens et les sensations d'un papillon. Entre l'état ancien et l'état nouveau, entre le premier moi, — celui de la chenille, — et le second moi, — celui de papillon, — il y a scission profonde, rupture complète Les sensations nouvelles ne trouvent plus de séries antérieures où elles puissent s'emboîter; le malade ne peut plus les interpréter, s'en servir; il ne les reconnaît plus, elles sont pour lui des inconnues. De là deux conclusions étranges; la première qui consiste à dire : « Je ne suis pas »; la seconde, un peu ultérieure, qui consiste à dire : « Je suis un autre [1]. »

Certes, il est difficile à un esprit sain et bien équilibré de se représenter un état mental si extraordinaire. Inadmissible pour l'observateur sceptique qui regarde du dehors, ces conclusions sont rigoureusement exactes pour le malade qui voit du dedans. A lui seul, ce sentiment continuel de vertige et d'ivresse est comme un chaos permanent où l'état d'équilibre, de coordination normale, ne peut s'établir ou du moins durer.

1. *Revue philosophique*, tome I, page 289, et *l'Intelligence*, 4e édit., tome II, appendice.

Si maintenant nous comparons aux autres formes, plus ou moins graves, cette altération de la personnalité *à sensibus læsis*, voici ce que nous trouvons : un moi nouveau ne se forme pas dans tous les cas. Lorsqu'il se forme, il disparaît toujours avec des troubles sensoriels. Jamais il ne parvient à supplanter entièrement le moi normal; il y a alternance entre les deux : les éléments de l'ancien moi gardent assez de cohésion pour qu'il reprenne le dessus par intervalle. De là, l'illusion qui, au sens strict, n'en est pas une pour le malade, de se croire double.

Quant au mécanisme psychologique grâce auquel il se croit double, je l'explique par la mémoire. J'ai essayé de montrer précédemment que la personnalité réelle, avec sa masse énorme d'états subconscients et conscients, se résume dans notre esprit en une image ou tendance fondamentale que nous appelons l'*idée* de notre personnalité Ce schéma vague qui représente la personnalité réelle à peu près comme l'idée générale d'homme représente les hommes ou comme le plan d'une ville représente cette ville, suffit aux besoins ordinaires de notre vie mentale. Chez nos malades, deux images ou schémas doivent exister et se succéder dans leur conscience, suivant que l'état physiologique fait prévaloir l'ancienne personnalité ou la nouvelle. Mais dans le passage de l'un à l'autre, si brusque qu'on le suppose, il y a une certaine continuité. Ces deux états de conscience n'ont pas, l'un un commencement absolu, l'autre une fin absolue, et entre les deux un hiatus, le néant. Comme tous les états de conscience, ils ont une durée; ils occupent une portion du temps et le bout terminal de l'un touche le bout initial de l'autre. Bien plus, ils empiètent l'un sur l'autre. Quand l'un commence à exister, l'autre subsiste encore en diminuant; il y a une période de coexistence où ils se pénètrent réciproquement. A notre avis, c'est *pendant cette période de transition ou de passage* et autant de fois qu'elle se produit que le malade se croit double.

Remarquons, enfin, que les troubles sensoriels ne sont que le résultat d'un trouble plus profond qui retentit dans l'organisme, et que par conséquent, ici encore, le sens du corps joue le rôle principal dans la pathologie de la personnalité.

On peut s'expliquer, maintenant, comment la suppression innée ou acquise d'un ou de plusieurs sens, laisse la personne intacte dans son fond, tandis que des perversions momentanées et d'apparence moins grave la transforment.

Physiologiquement, dans le premier cas, nous avons une somme d'éléments nerveux condamnés à l'inertie fonctionnelle, soit au début, soit dans le cours de la vie : la personnalité est comme un orchestre pauvre ou appauvri, mais qui suffit au nécessaire. Dans le second cas, tous les éléments nerveux servant aux sens externes lésés, à la sensibilité musculaire, à la sensibilité organique et viscérale, ont subi une modification insolite : c'est comme un orchestre où, brusquement, la plupart des instruments auraient changé de timbre.

II

Une transition naturelle des perceptions aux idées se fait par les hallucinations dont nous allons étudier le rôle dans les anomalies de la personnalité. Rappelons, en commençant, quelques généralités sur l'état hallucinatoire. Quatre hypothèses ont été faites pour l'expliquer [1] :

1º La théorie périphérique ou sensorielle qui place dans l'organe des sens le siège de l'hallucination ;

2º La théorie psychique qui la localise dans le centre de l'idéation ;

3º La théorie mixte ou psycho-sensorielle ;

4º Celle qui attribue l'hallucination aux centres perceptifs de la couche corticale.

L'observation nous apprend que les hallucinations affectent tantôt un seul sens, tantôt plusieurs ; qu'elles s'étendent le plus souvent aux deux côtés du corps, moins souvent à un seul (droit ou gauche indifféremment) ; plus rarement encore, elles sont bilatérales, mais en présentant pour chaque côté un caractère différent : une oreille est obsédée de menaces, d'injures, de mauvais conseils ; l'autre est reconfortée par de bonnes paroles : un œil ne perçoit que des objets tristes et répugnants, l'autre voit des jardins pleins de fleurs. Ces dernières, à la fois bilatérales et opposées en nature, sont pour nous les plus intéressantes.

---

1. Pour l'exposition complète de la question voir les importants articles de M. Binet, *Revue philosophique,* avril et mai 1884.

Fort heureusement dans cet immense domaine, nous n'avons à explorer qu'un très petit coin. Délimitons bien notre sujet. A l'état normal, l'individu sentant et pensant est adapté à son milieu. Entre ce groupe d'états et de rapports internes qui constituent l'esprit et ce groupe d'états et de rapport externes qui constituent le monde extérieur, il y a, comme Herbert Spencer l'a montré en détail, une correspondance. Chez l'halluciné, elle est détruite. De là des jugements faux, des actes absurdes, c'est-à-dire non adaptés. Cependant, tout cela constitue une maladie de la raison, non de la personnalité. Assurément le moi subit une déchéance, mais tant que ce consensus qui le constitue n'a pas disparu, ne s'est pas scindé en deux ou n'a pas aliéné une partie de lui-même comme nous le verrons plus loin, il n'y a pas de maladie propre de la personnalité : les troubles sont secondaires et superficiels. Par là se trouvent éliminés pour nous l'immense majorité des cas d'hallucination.

Nous n'avons pas, non plus, à nous occuper de ces malades assez nombreux qui changent la personnalité des autres, qui prennent les médecins et infirmiers de l'asile pour leurs parents, ou leurs parents pour des personnages imaginaires en rapport avec leur délire [1].

Ces éliminations faites, les cas à étudier sont assez restreints, puisqu'ils se réduisent aux altérations de la

---

1. Pour certains malades, le même individu est tour à tour transformé en un personnage imaginaire et maintenu dans sa personnalité réelle. Une femme tantôt reconnaissait son mari, tantôt le prenait pour un intrus. Elle le fit arrêter par la police, et il eut beaucoup de peine à établir son identité. (Magnan, clinique de Sainte-Anne, 11 fevrier 1877.)

personnalité dont l'hallucination est la base. Presque
toujours tout se borne à une *aliénation* (au sens étymo-
logique) de certains états de conscience que le moi ne
considère pas comme siens, qu'il objective, qu'il place
en dehors de lui et à qui il finit par attribuer une existence propre, mais indépendante de la sienne.

Pour l'ouïe, l'histoire de la folie religieuse fournit de
nombreux exemples. Je citerai les plus simples, ceux
où l'état hallucinatoire agit seul à l'origine. Une femme
était persécutée par une voix intérieure « qu'elle n'entendait que dans son oreille », et qui se révoltait contre
tout ce qu'elle voulait. La voix voulait toujours le mal
quand la malade voulait le bien. Elle lui criait parfois
sans qu'on pût l'entendre extérieurement : « Prends
ton couteau et tue-toi. » Une autre, hystérique, eut
d'abord des pensées et proféra des mots qu'elle n'avait
pas l'intention de dire et qu'elle exprima bientôt d'une
voix qui différait de sa voix ordinaire. Cette voix ne
faisait, à l'origine, que des remarques indifférentes ou
raisonnables; puis elle prit un caractère négateur.
« Actuellement, après treize ans, la voix constate simplement ce que la malade vient de dire, ou commente
ses paroles, les critique, les tourne en ridicule. Le ton
de cette voix, quand « l'esprit parle, diffère toujours un
peu et même quelquefois totalement de la voix ordinaire de la malade, et c'est pourquoi celle-ci croit à la
réalité de cet esprit. J'ai observé souvent ces faits moi-
même [1]. »

1. Griesinger. *Maladies mentales,* trad. franç., p. 285-286. —
Baillarger rapporte un cas analogue, *Annales médico-psych.;*
1re série, tome VI, p. 151.

Pour la vue, les aliénations de ce genre sont moins fréquentes : « Un homme, très intelligent, dit Wigan (p. 126), avait le pouvoir de poser devant lui son *double*. Il riait très fort à ce double qui riait aussi. Ce fut longtemps pour lui un sujet d'amusement, mais dont le résultat final fut lamentable. Il se convainquit graduellement qu'il était hanté par lui-même (*haunted by himself*). Cet autre moi le chicanait, taquinait et mortifiait sans relâche. Pour mettre fin à cette triste existence, il régla ses affaires et, ne voulant pas commencer une autre année, le 31 décembre, à minuit, il se tira un coup de pistolet dans la bouche. »

Enfin M. Ball a rapporté, dans l'*Encéphale* (1882, II), le fait d'un Américain qui, par des hallucinations simultanées de l'ouïe et de la vue, créa de toutes pièces un personnage imaginaire. « A la suite d'une insolation, il resta sans connaissance pendant un mois. Peu de temps après avoir repris ses sens, il entendit une voix d'homme nettement articulée qui lui dit : « Comment allez-vous? » Le malade répondit, et une courte conversation s'engagea. Le lendemain la même question est répétée. Le malade regarde et ne voit personne. « Qui êtes-vous? » dit-il. « Je suis M. Gabbage », répondit la voix. Quelques jours plus tard, le malade entrevit son interlocuteur qui, à partir de cette époque, s'est toujours présenté sous les mêmes traits et le même costume; il le voit tonjours de face, en buste seulement : c'est un homme vigoureux et bien fait, de trente-six ans environ, avec une forte barbe, le teint châtain foncé, les yeux grands et noirs, les sourcils fortement dessinés : il est constamment en habit de chasse. Le malade aurait bien voulu connaître la profession, les habitudes et le domicile de son interlocuteur; mais cet homme ne consentit jamais à donner d'autres renseignements que son nom. » Enfin Gabbage devient de plus en plus tyrannique : il ordonne à l'Américain de jeter dans le feu son journal, sa montre et sa chaîne, de soigner une jeune femme et son enfant qu'il empoisonna, enfin de se jeter par la fenêtre d'un troisième étage d'où il tomba tout meurtri sur le pavé.

Ces faits nous montrent un commencement de *dissolution de la personnalité*. Nous en citerons plus tard d'autres qui n'ont pas l'hallucination pour base et qui nous feront mieux comprendre ceux-ci. Cette coordination plus ou moins parfaite qui, à l'état normal, constitue le moi, est partiellement entamée. Dans ce groupe d'états de conscience que nous sentons nôtres, parce qu'ils sont produits ou subis par nous, il y en a un qui, bien qu'il ait sa source dans l'organisme, n'entre pas dans le consensus, reste à part, apparaît comme étranger. C'est, dans l'ordre de la pensée, l'analogue des impulsions irrésistibles dans l'ordre de l'action : une incoordination partielle [1].

Mais pourquoi ces voix et ces visions qui, en fait, émanent du malade, ne sont-elles pas siennes pour lui? C'est une question très obscure à laquelle je vais essayer de répondre. Il doit y avoir des causes anatomiques et physiologiques, malheureusement inconnues, dont la découverte résoudrait le problème. Dans

_____

1. Sur les impulsions irrésistibles comme phénomène d'incoordination partielle, voir les *Maladies de la volonté*, p. 71 et suivantes.

cette ignorance des causes, nous en sommes réduits à
ne voir que la superficie, les symptômes, les états de
conscience avec les signes qui les traduisent. Suppo-
sons donc un état de conscience (avec ses conditions
organiques) qui ait ce caractère propre d'être local,
c'est-à-dire d'avoir dans l'organisation physique et
psychique un rayonnement aussi faible que possible.
Pour me faire comprendre par antithèse, prenons une
émotion violente et brusque : elle retentit partout,
ébranle tout dans la vie physique et mentale; c'est une
diffusion complète. Notre cas en est l'antipode. Orga-
niquement et psychiquement il n'a que des connexions
rares et précaires avec le reste de l'individu : il est en
dehors, à la manière d'un corps étranger, logé dans
l'organisme, qui ne participe pas à sa vie. Il n'entre
pas dans cette grande trame de la cénesthésie qui soutient et unifie tout. C'est un phénomène cérébral presque sans soutien, analogue aux idées imposées par
suggestion dans l'hypnotisme. Ce qui corrobore cet
essai d'explication, c'est que l'état morbide, s'il n'est
enrayé par la nature ou la médication, a une tendance
fatale à évoluer, à prendre un corps aux dépens de la
personnalité primitive qui s'amoindrit, rongée par un
parasite. Toutefois, dans ce cas, il garde sa marque
originelle; il ne constitue pas un dédoublement de la
personnalité, mais une aliénation.

Je ne donne cette tentative d'explication que pour
une hypothèse, bien persuadé que l'ignorance des conditions organiques du phénomène nous interdit les
raisons probantes. J'ai dû, d'ailleurs, anticiper sur ce
qui sera dit ci-après à propos des idées et qui nous

fournira peut-être de nouveaux arguments en faveur
de cette hypothèse.

Nous avons maintenant à parler d'expériences récentes sur les hallucinations qui, jointes à d'autres faits,
ont conduit certains auteurs à donner du dédoublement de la personnalité une explication si simple
qu'elle serait, pour ainsi dire, palpable. On démontre
d'abord l'indépendance fonctionnelle des deux hémisphères du cerveau, et on en conclut que de leur syner-
gie résulte l'équilibre de l'esprit, de leur désaccord des
troubles divers, et finalement la scission de l'individu
psychique. Il y a là deux questions distinctes que plusieurs des savants que nous allons citer ont bien vues,
mais qui ont été confondues par d'autres.

Un médecin connu comme psychologue, sir Henri
Holland, étudia le premier, en 1840, le cerveau comme
organe double et insinua que quelques aberrations de
l'esprit pourraient être dues à l'action déréglée des deux
hémisphères dont l'un, dans certains cas, semble corriger les perceptions et les sentiments de l'autre. En
1844, Wigan va plus loin : il soutient que nous avons
deux cerveaux et non un seul et que « le corps cal-
leux, loin d'être un trait d'union entre eux, est un mur
de séparation », et il affirme plus nettement que son
devancier la dualité de l'esprit [1]. Les progrès de l'anatomie cérébrale donnèrent ensuite des résultats plus

---

1. Wigan. *The duality of mind proved by the structure, func-
tions and diseases of the Brains and by the phenomena of mental
derangement and shewn to be essential to moral responsability.*
London, 1844. Ce livre mal digéré ne tient pas ce que le titre
promet.

positifs : inégalité de poids des deux lobes du cerveau, asymétrie constante, différences dans la topographie de l'écorce, etc. La découverte de Broca sur le siège de l'aphasie fut un nouvel argument d'une grande valeur. On supposa aussi que l'hémisphère gauche serait le siège principal de l'intelligence et de la volonté, que l'hémisphère droit serait plus spécialement dévolu à la vie de nutrition (Brown-Séquard). J'abrège cet historique qui pourrait être long, pour en venir tout de suite aux hallucinations. L'existence d'hallucinations simultanées, tristes d'un côté, gaies de l'autre, en tout cas différentes et même contradictoires, attira l'attention des observateurs. Il y avait mieux à faire que d'observer, c'était d'expérimenter. L'hypnotisme en fournit les moyens Rappelons que le sujet hypnotisé peut parcourir trois phases : l'une léthargique, caractérisée par l'excitabilité névro-musculaire; l'autre cataleptique, qui se produit en soulevant les paupières; la troisième, somnambulique, causée par une pression sur le vertex. Si, pendant l'état cataleptique, on abaisse la paupière droite, on agit par là sur le cerveau gauche et l'on détermine un état léthargique du côté droit seulement. Le sujet se trouve ainsi partagé en deux : hémiléthargique à droite, hémicataleptique à gauche; et voici ce qui se passe J'emprunte ces faits au livre bien connu de M. P. Richer :

« Je place, sur une table, un pot à eau, une cuvette et du savon ; dès que son regard est attiré sur ces objets ou que sa main touche l'un d'eux, la malade, avec une spontanéité apparente, verse l'eau dans la cuvette, prend le savon et se lave les mains avec un soin minutieux. Si l'on vient alors à abaisser la paupière d'un seul œil, de l'œil droit par exemple, tout le côté droit devient léthargique, la main droite s'arrête aussitôt; mais la main gauche, seule, n'en continue pas moins le mouvement. En soulevant de nouveau la paupière les deux mains reprennent aussitôt leur action comme auparavant. La même chose se produit aussi bien du côté gauche. « Si on met entre les mains de la malade la boite qui renferme son travail au crochet, elle l'ouvre, prend son ouvrage, travaille avec une adresse remarquable...; si l'on vient à fermer un de ses yeux, la main correspondante s'arrête, le bras retombe inerte... mais l'autre main cherche à continuer seule un travail désormais impossible; le rouage continue à marcher d'un seul côté, mais il modifie son mouvement dans le but de le rendre efficace. »

L'auteur rapporte plusieurs cas du même genre dont je ne citerai que le dernier, parce qu'il confirme la découverte de Broca. On place entre les mains du sujet un livre ouvert, en attirant son regard sur l'une des lignes; elle lit : « Au milieu de la lecture, l'occlusion de l'œil droit (et par l'entre-croisement des nerfs optiques, c'est le cerveau gauche qui est impressionné) l'arrête court au milieu d'un mot, au milieu d'une phrase. Elle reprend aussitôt que l'œil droit est ouvert de nouveau, achevant le mot ou la phrase interrompue. Si, au contraire, c'est l'œil gauche qui est fermé, elle continue sa lecture, en hésitant un peu parce qu'elle est amblyopique et achromatopisque de l'œil droit [1]. »

____

1. P. Richer. *Etudes cliniques sur l'hystéro-épilepsie*, p. 391-393.

On peut varier ces expériences. Une attitude différente est imprimée **aux** membres de chaque côté du
corps : alors le sujet, d'un côté, a l'expression du
commandement, de l'autre sourit et envoie des baisers.
On peut provoquer l'état hallucinatoire à droite ou à
gauche seulement. Enfin, deux personnes s'approchent
chacune de l'oreille du sujet : l'une, à droite, décrit le
beau temps, le côté droit sourit; l'autre, à gauche,
décrit la pluie, le côté gauche traduit le désagrément,
et la commissure labiale s'abaisse. Ou bien encore,
pendant qu'on suggère par l'oreille droite l'hallucination d'une fête champêtre, près de l'oreille gauche on
imite l'aboiement d'un chien ; le visage exprime, à
droite, la satisfaction ; à gauche, l'inquiétude [1].

Ces expériences, dont nous ne donnons qu'un som-
maire très sec, jointes à beaucoup d'autres faits, ont
conduit très logiquement à cette conclusion : indépendance *relative* des deux hémisphères cérébraux, qui
n'exclut en rien leur coordination normale, mais qui,
dans certains cas pathologiques, devient un dualisme
complet.

On a voulu aller plus loin et établir que ce dualisme
cérébral suffit à expliquer tout désaccord dans l'esprit,
depuis la simple hésitation entre deux partis à prendre
jusqu'au dédoublement complet de la personnalité. Si
nous voulons à la fois le bien et le mal, si nous avons
des impulsions criminelles et une conscience qui les
condamne, si le fou par instants reconnaît sa folie, si
le délirant a des moments de lucidité, si enfin quel-

1. Magnan et Dumontpailler, *Union médicale*, 15 mai 1883.

ques individus se croient doubles, c'est tout simplement parce que les deux hémisphères sont désaccordés; l'un est sain, l'autre morbide; un état siège à droite, son contraire à gauche; c'est une sorte de manichéisme psychologique.

Griesinger rencontrant cette théorie, déjà émise timidement à son époque, après avoir cité les faits qu'elle revendique et le cas d'un de ses malades qui « se sentait déraisonner d'un seul côté de la tête, du côté droit », conclut en ces termes : « Quant à nous, nous ne sommes nullement disposé à accorder à ces faits une grande valeur [1]. » En ont-ils gagné depuis? C'est bien douteux. D'abord (puisque la théorie repose sur une question de nombre), n'y a-t-il pas des individus qui se croient triples? J'en trouve du moins un cas : « J'ai rencontré, dit Esquiros, dans un établissesement d'aliénés, un prêtre qui, pour avoir appliqué trop ardemment son intelligence au mystère de 'a Sainte Trinité, avait fini par voir autour de lui les objets triples. Il se figurait lui-même être en trois personnes, et voulait qu'on lui servît à table trois couverts, trois plats, trois serviettes [2]. » Je crois qu'avec de suffisantes recherches on en trouverait d'autres; mais je ne veux pas me prévaloir de ce cas de triplicité qui me paraît susceptible de plusieurs interprétations. Il y a contre cette théorie, de meilleures raisons à alléguer, et appuyées sur des faits vulgaires. Elle repose, en définitive, sur cette hypothèse absolument arbitraire

---

1. *Ouvr. cité*, p. 28. Voir aussi les conclusions négatives de Charlton Bastian, sur ce point, tome II, ch. xxiv.
2. *Revue des Deux-Mondes*, 15 octobre 1845, p. 307.

que la lutte n'est toujours qu'entre *deux* états. L'expérience la contredit complètement. A qui n'est-il pas arrivé d'hésiter entre agir dans un sens ou dans le sens contraire, ou s'abstenir; entre voyager au nord ou au midi, ou rester chez soi? Il arrive maintes fois dans la vie que trois partis sont en présence, dont chacun exclut nécessairement les deux autres. Où loge-t-on le troisième? puisque c'est sous cette forme étrange que la question a été posée.

Dans quelques cas d'atrophie congénitale du cerveau, qui paraissent appuyés sur des observations authentiques, on a vu des individus réduits, dès l'enfance, à un seul hémisphère cérébral; leur développement intellectuel était ordinaire et ils ressemblaient au reste des hommes [1]. Chez eux, dans l'hypothèse que nous combattons, aucune lutte intérieure n'aurait dû se produire. Je crois inutile d'insister sur cette critique et je me borne à rappeler le mot de Griesinger sur le vers de Faust : Ce ne sont pas deux âmes seulement, mais plusieurs qui habitent en nous.

A vrai dire, cette discussion serait oiseuse si elle n'était une occasion de voir une fois de plus notre sujet sous une nouvelle face. Ces oppositions dans la personne, cette scission partielle dans le moi, tels qu'ils se trouvent aux moments lucides de la folie et du délire [2], dans la réprobation du dipsomane pour lui-même pendant qu'il boit, ne sont pas des

---

1. Cotard, *Etude sur l'atrophie cérébrale*, Paris, 1868; *Dict. encycl. des sciences médicales*, art. CERVEAU (Pathologie), pages 298 et 453.

2. Jessen, *Versuch einer wissenschaftlichen Begründung der Psychologie*, p. 189, en rapporte un exemple curieux.

oppositions dans l'espace (d'un hémisphère à l'autre),
mais des oppositions *dans le temps*. Ce sont, pour
employer une expression favorite de Lewes, des
« attitudes » successives du moi. Cette hypothèse rend
compte de tout ce que l'autre explique et en outre de
ce qu'elle n'explique pas.

Si l'on est bien pénétré de cette idée que la personnalité est un consensus, on n'aura pas de peine à
admettre que cette masse d'états conscients, subconscients et inconscients qui la constituent, se résume, à
un moment donné, en une tendance ou un état prépondérant qui, pour la personne elle-même et pour les
autres, en est l'expression momentanée. Aussitôt cette
même masse d'éléments constituants se résume en un
état contraire qui passe au premier plan. Tel est notre
dipsomane qui boit et se réprimande. L'état de conscience prépondérant à chaque instant est pour l'individu et pour les autres sa personnalité. C'est une illusion naturelle dont il est difficile de se défaire, mais
une illusion qui repose sur une conscience partielle. En
réalité, il n'y a que deux attitudes successives, c'est-à-
dire une différence de groupement entre les mêmes
éléments avec prédominance de quelques-uns et ce qui
s'ensuit. Notre corps peut de même prendre, coup sur
coup, deux attitudes contraires, sans cesser d'être le
même corps.

Il est clair que trois états ou plus peuvent se succéder (coexister en apparence) par le même mécanisme.
Nous ne sommes plus rivés au nombre deux. Il faut
reconnaître sans doute que cette scission intérieure
est plus fréquente entre deux états contraires qu'entre

trois ou un plus grand nombre. Cela tient à certaines conditions de la conscience qu'il faut rappeler.

Y a-t-il une coexistence réelle entre deux états de conscience ou une succession si rapide qu'elle apparaît comme une simultanéité? C'est une question très délicate, non résolue, qui le sera peut-être un jour par les psycho-physiciens. Hamilton et d'autres ont soutenu que nous pouvons avoir jusqu'à six impressions à la fois, mais leur conclusion est déduite d'appréciations grossières. La détermination, par les procédés rigoureux de la physique, de la durée des états de conscience a été un grand pas. Wundt a essayé d'aller plus loin et de fixer, par l'expérience, ce qu'il appelle avec raison l'étendue de la conscience (*Umfang des Bewusstseins*), c'est-à-dire le maximum d'états qu'elle peut contenir à la fois. Ses expériences n'ont porté que sur des impressions extrêmement simples (les coups d'un pendule régulièrement entrecoupés par les coups d'un timbre), et par conséquent ne sont pas de tout point applicables aux états complexes qui nous occupent. Il a trouvé « que douze représentations forment l'étendue maxima de la conscience pour des états successifs, relativement simples [1] ». L'expérience semble donc prononcer en faveur d'une succession très rapide, équivalant à une coexistence. Les deux, trois ou quatre états contraires seraient, au fond, une succession.

De plus, nous savons, suivant une comparaison souvent employée, que la conscience a sa « tache jaune », comme la rétine. La vision distincte n'est

---

1. *Grundzüge der physiol. Psychologie*, 2ᵉ édition, t. II, p. 215.

qu'une petite portion de la vision totale. La conscience claire n'est qu'une petite portion de la conscience totale. Nous touchons ici la cause naturelle et incurable de cette illusion, par laquelle l'individu s'identifie à son état de conscience actuel, surtout lorsqu'il est intense : et fatalement cette illusion est bien plus forte pour lui que pour les autres. Nous voyons aussi pourquoi 'a coexistence (apparente) est bien plus facile pour deux états contraires que pour trois, et surtout pour un plus grand nombre. Ce fait dépend des limites de la conscience. Encore une fois, c'est une opposition dans le temps et non dans l'espace.

En résumé, l'indépendance relative des deux hémisphères n'est pas douteuse. Le trouble produit dans la personnalité par leur désaccord n'est pas douteux; mais tout réduire à une simple division entre le côté gauche et le côté droit, c'est une hypothèse qui, jusqu'ici, n'a fait valoir aucune raison sérieuse.

III

Quelques mots sur la mémoire. Nous n'avons pas de raisons de l'étudier à part, car elle est partout dans notre sujet. La personnalité, en effet, n'est pas un phénomène, mais une évolution, un événement momentané, mais une histoire, un présent ou un passé, mais l'un et l'autre. Laissons de côté la mémoire que j'appellerai objective, intellectuelle : les perceptions, images, expériences et connaissances emmagasinées en nous. Tout cela peut disparaître partiellement ou totalement; ce sont des maladies de la mémoire dont nous avons donné, ailleurs, de nombreux exemples. Considérons seulement la mémoire subjective, celle de nous-même, de notre vie physiologique et des sensations ou sentiments qui l'accompagnent. Cette distinction est toute factice, mais elle nous permettra de simplifier.

D'abord une telle mémoire existe-elle? On pourrait dire que, chez l'individu parfaitement sain, le ton vital est si constant que la conscience qu'il a de son corps n'est qu'un présent qui se répète incessamment; mais cette monotonie, si elle existe, en excluant la conscience, favoriserait au contraire la formation d'une mémoire organique. En fait, il y a toujours quelques changements si légers qu'ils soient et, comme nous n'avons conscience que des différences, ils sont sentis. Tant qu'ils sont faibles et partiels, l'impression d'uniformité persiste, parce que les actions sans cesse répétées sont représentées dans le système nerveux d'une manière bien autrement stable que les changements éphémères. Leur mémoire est organisée, par suite, au-dessous de la conscience et d'autant plus solide. Là est le fondement de notre identité. Eux-mêmes, ces petits changements agissent à la longue et produisent ce qu'on nomme le changement insensible. Après dix ans d'absence, un objet, un monument est vu le même, il n'est pas *senti* le même; ce n'est pas la faculté de percevoir, c'est son accompagnement qui a changé. Mais tout ceci c'est l'état sain, la simple transformation inhérente à tout ce qui vit et évolue.

Voici donc l'habitude vitale d'un individu représentée par cette autre habitude : la mémoire organique. Surviennent des causes à peu près inconnues, dont on ne peut que constater les effets subjectifs et objectifs. Elles produisent une transformation profonde subite, au moins rapide et persistante de la cénesthésie. Qu'arrive-t-il? L'expérience seule peut répondre puisque l'ignorance des causes nous réduit au pur empirisme. Dans les cas extrêmes (nous négligerons les autres), l'individu est changé. Cette métamorphose se rencontre sous trois formes principales en ce qui concerne la mémoire :

1° La personnalité nouvelle, après une période de transition plus ou moins longue, reste seule; l'ancienne est oubliée (la malade de Leuret). Ce cas est rare. Il suppose que l'ancienne cénesthésie est complètement abolie, au moins inactive pour jamais et incapable de réviviscence. Si l'on remarque que la transformation *absolue* de la personnalité, c'est-à-dire la substitution d'une personnalité à une autre — complète, sans réserve, sans aucun lien avec le passé, — suppose une transformation de fond en comble dans l'organisme, on ne s'étonnera pas de la rencontrer si rarement. Il n'y a, à ma connaissance, aucun cas où la deuxième personnalité n'ait hérité quelque peu des dépouilles de l'autre, ne fût-ce que de certaines acquisitions devenues automatiques (marcher, parler, etc.).

2° Le plus souvent, au-dessous du nouveau sentiment du corps qui s'est organisé et est devenu la base du moi actuel, l'ancienne mémoire organique subsiste. De temps en temps elle revient à la conscience, affaiblie comme un souvenir d'enfance que la répétition n'a pas ravivé. Probablement cette réviviscence a pour cause quelque arrière-fond commun aux deux états ; alors l'individu s'apparaît autre. L'état de conscience actuel en évoque un semblable, mais qui a un autre accompagnement. Les deux paraissent *miens* quoiqu'ils se contredisent. Tels sont ces malades qui trouvent que tout reste le même et que cependant tout est changé.

3° Enfin, il y a les cas d'alternance. Ici, il n'est guère douteux que les deux mémoires subjectives, expression organisée des deux cénesthésies, subsistent et passent tour à tour au premier plan. Chacune entraîne avec elle et met en activité un certain groupe de sentiments, d'aptitudes physiques et intellectuelles, qui n'existent pas dans l'autre. Chacune fait partie d'un complexus distinct. Le cas d'Azam nous fournit un excellent exemple d'alternance de deux mémoires.

Nous ne pourrions rien dire de plus sans tomber dans des redites ou entasser des hypothèses. L'ignorance des causes nous arrête court. Le psychologue se trouve ici, comme le médecin en face d'une maladie qui ne laisse voir que ses symptômes. Quelles influences physiologiques changent ainsi le ton général de l'organisme, par suite la cénesthésie, par suite la mémoire ? Un état du système vasculaire ? une action inhibitoire, un arrêt fonctionnel ? On n'en sait rien. Tant que cette question ne sera pas résolue, nous en resterons à la surface. Nous avons voulu simplement montrer que la mémoire, quoique à certains égards elle se confonde avec la personnalité, n'en est pas le fondement dernier. Elle s'appuie sur l'état du corps, conscient ou non, en dépend. Même à l'état normal, la même situation physique a une tendance à ramener la même situation mentale. J'ai souvent remarqué qu'au moment de m'endormir, un rêve de la nuit précédente, jusque-là totalement oublié, me revient en mémoire très complet et très net. En voyage, où je quitte une ville pour coucher dans une autre, cette reproduction a lieu quelquefois, mais alors le rêve me revient en lambeaux, décousu, difficile à recomposer. Est-ce l'effet des conditions physiques, semblables dans un cas, légèrement modifiées dans l'autre? Quoique je n'aie vu ce fait mentionné dans aucun travail sur les rêves, je doute qu'il me soit particulier.

D'ailleurs, il y a des faits bien connus et plus probants. Dans le somnambulisme naturel et provoqué, les événements des accès antérieurs, oubliés pendant la veille, reviennent avec l'état d'hypnotisme. Rappelons l'histoire si connue du portefaix qui, étant ivre, égare un paquet; revenu à lui, il est incapable de le découvrir, il s'enivre de nouveau et le retrouve. N'y a-t-il pas là une tendance à la constitution de deux mémoires, l'une normale, l'autre pathologique, expressions de deux états distincts de l'organisme et qui sont comme les formes embryonnaires de ces extrêmes dont nous avons parlé?

IV

Le rôle des idées dans les transformations de la personnalité a été déjà indiqué en passant. Il nous reste à voir ce nouveau facteur à l'œuvre et à constater ce qu'il produit par lui-même et isolément. Parmi les nombreux éléments dont le consensus constitue le moi, il n'en est peut-être aucun qui se laisse mieux mettre à part, séparer artificiellement. Il faut cependant, sur ce point, éviter une équivoque. Pour l'individu conscient, l'idée de sa personnalité peut être un effet ou une cause, un résultat ou un facteur initial, un point d'arrivée ou un point de départ. A l'état sain, c'est toujours un effet, un résultat, un point d'arrivée. A l'état morbide, les deux cas se rencontrent. Dans beaucoup d'exemples précédemment énumérés, nous avons vu des perturbations organiques, affectives ou sensorielles, produire une telle exubérance ou un tel affaissement vital que l'individu déclare qu'il est dieu, roi, géant, grand homme, ou bien qu'il est un automate, un fantôme, un mort. Evidemment ces idées erronées sont la conclusion passablement logique de la transformation intime de l'individu, la formule définitive qui la résume et l'achève. Il y a des cas tout à fait contraires où la transformation de la personnalité vient non d'en haut mais d'en bas; où elle ne s'achève pas dans le cerveau, mais commence par le cerveau, et où par conséquent l'idée n'est pas une conclusion, mais une prémisse. Sans doute il serait bien téméraire de prétendre que, dans beaucoup de circonstances où une idée fausse sert de point de départ à une altération du moi, il n'y a pas au-dessous d'elle et avant elle une perturbation organique ou affective. On peut au contraire affirmer qu'il y en a toujours, même chez l'hypnotisé, où la personnalité est changée par suggestion. Entre les deux formes de métamorphose indiquées plus haut, il n'y a pas de séparation tranchée : le

terme « métamorpnose idéale de la personnalité »
n'est qu'une dénomination *à potiori*. Cette réserve
faite, examinons ce nouvel aspect de notre sujet en
partant, selon notre habitude, de l'état normal.

Rien n'est plus fréquent et plus connu que la confiscation momentanée de la personnalité par une
idée fixe et intense. Tant que cette idée occupe la
conscience, on peut dire, sans trop d'inexactitude,
qu'elle est l'individu. La poursuite obstinée d'un problème, l'invention, la création sous toutes ses formes,
représentent un état mental où la personnalité tout
entière est drainée au profit d'une seule idée. On
est, comme dit le vulgaire, distrait, c'est-à-dire automate. C'est là un état anormal, une rupture d'équilibre. Les innombrables anecdotes qui courent le
monde sur les inventeurs, raisonnables ou chimé-
riques, en font foi. Remarquons en passant que toute
idée fixe est au fond un sentiment ou une passion fixe.
C'est un désir, un amour, une haine, un intérêt, qui
soutiennent l'idée et lui donnent son intensité, sa
stabilité, sa ténacité. Les idées, quoi qu'on en dise,
sont toujours au service des passions; mais elles res-
semblent à ces maîtres qui obéissent toujours en
croyant toujours commander.

Quelque résultat qui se produise, cet état est une
hypertrophie mentale et le public a bien raison,
lorsque, identifiant l'inventeur et son œuvre, il désigne différemment l'un par l'autre : l'œuvre équivaut
à la personnalité.

Jusqu'ici nous n'avons pas d'altération de la personnalité, mais une simple déviation du type normal, —

pour mieux dire, schématique, — ou par hypothèse
les éléments organiques, affectifs et intellectuels,
formeraient un consensus parfait. Hypertrophie sur
un point, atrophie sur quelques autres, en vertu de la
loi de compensation ou de balancement organique.
Voyons les cas morbides. En dehors des altérations artificielles produites pendant l'hypnotisme, il est difficile
d'en trouver beaucoup dont le point de départ incontestable soit une idée. Il me paraît possible de classer
parmi les altérations de cause intellectuelle les faits
autrefois fréquents, très rares aujourd'hui, de lycanthropie et de zoanthropie sous toutes ses formes. Toutefois, dans les faits de ce genre [1] qui nous sont connus
par des documents authentiques, la débilité mentale
chez le lycanthrope est si grande, si voisine de la stupidité, qu'on serait plutôt tenté d'y voir un cas de
régression, un retour vers la forme de l'individualité
animale. Ajoutons que ces cas se compliquant de désordres viscéraux, d'hallucinations cutanées et visuelles,
il n'est pas aisé de savoir s'ils sont les effets d'une idée
préconçue ou s'ils la produisent. Nous devons remarquer pourtant que la lycanthropie a été quelquefois
épidémique, c'est-à-dire qu'elle a dû débuter, au moins
chez les imitateurs, par une idée fixe. Enfin, ce genre
de maladie a disparu depuis qu'on n'y croit plus, c'est-
à-dire depuis que cette idée qu'il est un loup ne peut
plus s'implanter dans le cerveau d'un homme et le
faire agir en conséquence.

---

1. Consulter Calmeil : *De la folie considérée sous le point de
vue pathologique, philosophique, historique et judiciaire*, tome I,
livre III⁰, ch. ɪɪ, §§ 9, 16, 17 ; liv. IV, ch. ɪɪ, § 1.

Les seuls cas parfaitement nets de transformation idéale de la personnalité, sont ceux, déjà cités,
d'hommes qui se croient femmes, de femmes qui se
croient hommes, sans qu'aucune anomalie sexuelle justifie cette métamorphose. L'influence d'une idée paraît
aussi initiale ou prépondérante chez les possédés, les
démonomaniaques. Elle agit souvent par contagion sur
les exorcistes. Pour n'en citer qu'un, le père Surin,
si longtemps mêlé à la célèbre affaire des Ursulines de
Loudun, se sentait deux âmes et même trois parfois
à ce qu'il semble [1].

En somme, les transformations de la personnalité
par l'effet d'une idée ne sont pas très fréquentes, et
ceci est une nouvelle preuve de ce que nous avons
répété à satiété : la personnalité vient d'en bas. C'est
dans les centres nerveux les plus élevés qu'elle atteint

---

[1]. Il nous a laissé une relation détaillée de son état mental :
Histoire des diables de Loudun, p. 217 et suiv. « Je ne saurais vous
exprimer ce qui se passe en moi durant ce temps (quand le
démon passe du corps de la possédée dans le sien) et comme
cet esprit s'unit avec le mien, sans m'ôter ni la connaissance ni
la liberté de mon âme, en se faisant néanmoins comme un autre
moi-même et comme si j'avais deux âmes dont l'une est dépos-
sédée de son corps et de l'usage de ses organes et se tient à
quartier, en voyant faire celle qui y est introduite. Les deux
esprits se combattent dans un même champ qui est le corps et
l'âme est comme partagée; selon une partie de soi, elle est le
sujet des impressions diaboliques, et, selon l'autre, des mouvements qui lui sont propres ou que Dieu lui donne. Quand je
veux, par le mouvement d'une de ces deux âmes, faire un signe
de croix sur une bouche, l'autre me détourne la main avec une
grande vitesse et me saisit le doigt avec les dents pour me le
mordre de rage..... Quand je veux parler, on m'arrête la parole;
à la messe je suis arrêté tout court; à table, je ne peux porter
le morceau à ma bouche; à la confession, j'oublie tout à coup
mes péchés et je sens le diable aller et venir chez moi comme
en sa maison. »

son unité et s'affirme avec pleine conscience; en eux, elle s'achève. Si, par un mécanisme agissant à rebours, elle va de haut en bas, elle reste superficielle, précaire, momentanée.

La production des personnalités artificielles chez les hypnotisés nous en fournit une excellente preuve. M. Ch. Richet a publié sur ce point [1] des observations abondantes et précises. Je me bornerai à les rappeler en quelques mots. Au sujet hypnotisé (ordinairement une femme), on fait croire tour à tour qu'il est une paysanne, une actrice, un général, un archevêque, une religieuse, un matelot, une petite fille, etc., et il joue son rôle à s'y méprendre. Ici les données psychologiques sont parfaitement nettes. Dans cet état de somnambulisme provoqué, la personnalité réelle est intacte; les éléments organiques, affectifs, intellectuels, n'ont subi aucune altération notable; mais tout reste en puissance. Un état mal connu des centres nerveux, un arrêt de fonction, les empêche de passer à l'acte. Par suggestion une idée est évoquée, aussitôt, par le mécanisme de l'association, elle suscite des états de conscience analogues et ceux-là seuls; avec eux, toujours par association, les gestes, actes, paroles et sentiments appropriés. Ainsi se constitue une personnalité extérieure à la personnalité réelle, faite d'emprunts et d'automatisme. Cette expérience montre bien ce que peut une idée débarrassée de toute entrave, mais aussi réduite

---

1. *Revue philosophique*, mars 1883. Il a publié de nouvelles observations dans son livre *L'homme et l'intelligence*, p. 539 et 541. Voir aussi Carpenter : *Mental Physiology*, p. 562 et suiv.

à ses propres forces et n'ayant plus pour soutien et coopérateur la totalité de l'individu.

Dans certains cas d'hypnotisme incomplet, il se produit un dualisme. M. North, professeur de physiologie à l'hôpital de Westminster, dit, en parlant de la période où il était influencé par la fixation du regard : Je n'étais pas inconscient, mais il me semblait que j'existais en double. Je me figurais qu'un moi intérieur était tout à fait vivant pour tout ce qui se passait, mais ne s'appliquait pas à s'immiscer dans les actes du moi extérieur et à les contrôler. La répugnance ou l'incapacité du moi intérieur à diriger le moi extérieur, semblait s'accroître à mesure que la situation se prolongeait davantage [1]. »

1. Hack Tuke. *On the mental condition in hypnotism*, dans « The journal of mental science », avril 1883. On trouve aussi dans cet article le cas d'un médecin qui, durant un sommeil pénible, après vingt heures d'ascension dans les Alpes, se dédouble en rêve : l'un des deux moi meurt et l'autre fait son autopsie. Dans certains cas d'intoxication et de délire, la coordination psychique disparaît et il se produit une sorte de scission de la personne en deux. Voir les articles du Dʳ Azam sur les altérations de la personnalité (*Revue scientifique*, 17 nov. 1883) et du Dʳ Galicier (*Revue philosophique*, juillet 1877, p. 72). Taine a rapporté un cas curieux d'incoordination semi-pathologique : « J'ai vu une personne qui en causant, en chantant, écrit, sans regarder son papier, des phrases suivies et même des pages entières, sans avoir conscience de ce qu'elle écrit. A mes yeux, sa sincérité est parfaite; or, elle déclare qu'au bout de sa page, elle n'a aucune idée de ce qu'elle a tracé sur le papier; quand elle les lit, elle en est étonnée, parfois alarmée. L'écriture est autre que son écriture ordinaire. Le mouvement des doigts et du crayon est raide et semble automatique. L'écrit finit toujours par une signature, celle d'une personne morte, et porte l'empreinte de pensées intimes, d'un arrière-fond mental que l'auteur ne voudrait pas divulguer. » (*De l'intelligence*. 3ᵉ édit., pref., p. 16-17.)

Cette personnalité intérieure — la vraie — se laisse-t-elle totalement supprimer? Le caractère propre de l'individu peut-il être réduit à néant, au point de se transformer en son contraire? On n'en peut douter; l'autorité persistante de l'opérateur y parvient, après une résistance plus ou moins longue. A une femme d'opinions très bonapartistes, M. Ch. Richet a fait afficher des convictions très républicaines. Braid, après avoir hypnotisé un *teetotaller* irréprochable dans ses habitudes de sobriété, lui répéta à plusieurs reprises qu'il était ivre. « Cette affirmation étant corroborée par une sensation de titubation (produite par suggestion musculaire), il était amusant de le voir partagé entre cette idée imposée et la conviction résultant de ses habitudes [1]. » Cette métamorphose momentanée n'a d'ailleurs rien d'inquiétant. Comme le dit justement M. Richet, « dans ces modifications curieuses, ce qui change c'est seulement la forme extérieure de l'être, l'habit et les allures générales, ce n'est pas l'individualité proprement dite. Quant à savoir si par des suggestions réitérées sur des sujets propres, on ne produirait pas à la longue une modification du caractère, c'est un problème que l'expérience seule peut résoudre et qui, d'ailleurs, ne rentre pas dans notre sujet.

C'est peut-être ici le lieu de mentionner ce fait de *disparition de la personnalité*, que les mystiques de toutes les époques et de tous les pays ont décrit, d'après leur propre expérience, souvent en très beaux termes [2]. Sans

1. Richet, *Ouv. cité*, p. 541; Carpenter, *Ouv. cité*, § 368.
2. De ces descriptions, je n'en citerai qu'une, la plus proche

atteindre l'extase, les métaphysiciens panthéistes ont aussi parlé d'un état où l'esprit se pense « sous la forme de l'éternité », s'apparaît comme en dehors du temps et de l'espace, libre de toute modalité contingente pour ne faire qu'un avec l'infini. Cette situation psychologique, bien que rare, ne peut être oubliée. Elle me paraît la confiscation absolue de l'activité mentale par une seule idée (positive pour les mystiques, négative pour les empiriques), mais qui, par son haut degré d'abstraction, son absence de détermination et de limites, contredit, exclut tout sentiment individuel. Qu'une seule sensation, très vulgaire, soit perçue, et l'illusion disparaît. Cet état n'est ni au-dessus, ni au-dessous de la personnalité, mais au dehors et au delà.

En résumé, les états de conscience qu'on nomme

de nous par la langue et par le temps. « Il me semble que je suis devenu une statue sur les bords du fleuve du temps, que j'assiste à quelque mystère d'où je vais sortir vieux ou sans âge. Je me sens anonyme, impersonnel, l'œil fixe comme un mort, l'esprit vague et universel comme le néant ou l'absolu ; je suis en suspens, je suis comme n'étant pas. Dans ces moments, il me semble que ma conscience se retire dans son éternité..... elle s'aperçoit dans sa substance même, supérieure à toute forme contenant son passé, son présent et son avenir, vide qui renferme tout, milieu invisible et fécond, virtualité d'un monde qui se dégage de sa propre existence pour se ressaisir dans son intimité pure. En ces instants sublimes, l'âme est rentrée en soi; retournée à l'indétermination, elle s'est réimpliquée au delà de a propre vie, elle redevient embryon divin. Tout s'efface, se dissout, se détend, reprend l'état primitif, se replonge dans la fluidité originelle, sans figure, sans angles, sans dessin arrêté. Cet état est contemplation et non stupeur : il n'est ni douloureux, ni joyeux, ni triste ; il est en dehors de tout sentiment pécial comme de toute pensée finie. Il est la conscience de 'être et la conscience de l'omnipossibilité latente au fond de cet être. C'est la sensation de l'infini spirituel » (Amiel. *Journal intime*, 1856, cité par M. Schérer dans sa préface.)

idées ne sont qu'un facteur secondaire dans la constitution de la personnalité et dans ses altérations. L'idée joue son rôle, mais il n'est pas prépondérant. Ces résultats s'accordent avec ce que la psychologie enseigne depuis longtemps : les idées ont un caractère objectif. Elles ne peuvent donc exprimer l'individu au même titre que ses désirs, ses sentiments et ses passions.

CHAPITRE IV

LA DISSOLUTION DE LA PERSONNALITÉ

I

Pour terminer notre revue des faits, il reste à parler
des altérations de la personnalité dans la démence
progressive, causée par la vieillesse, la paralysie
générale ou toute autre forme morbide. Si, à l'état
normal, la personnalité est une coordination psycho-
physiologique aussi parfaite que possible qui se maintient, malgré des changements perpétuels et des
incoordinations partielles et passagères (impulsions
brusques, idées bizarres, etc.), la démence, qui est
une marche progressive dans la dissolution physique et
mentale, doit se traduire par une incoordination toujours croissante, jusqu'au moment où le moi disparaît
dans l'incohérence absolue et qu'il ne subsiste dans
l'individu que les coordinations purement vitales, les
mieux organisées, les plus inférieures, les plus simples, par conséquent les plus stables, qui disparaissent
à leur tour. Aussi est-ce peut-être dans ces états de

dissolution inéluctable que se rencontrent les seuls cas de double personnalité, au sens strict, c'est-à-dire de personnalités *coexistantes*. Remarquons, en effet, que, dans le cours de ce travail, nous avons trouvé des personnalités successives (cas d'Azam, Dufay, Camuset), une personnalité nouvelle se substituant à une autre oubliée ou expulsée, tenue pour extérieure et étrangère (cas de Leuret, du soldat d'Austerlitz), un envahissement de la personnalité normale par des sensations insolites auxquelles elle résiste tant bien que mal et qui amènent *parfois* et *momentanément* le malade à se croire double (cas de Krisbaber, etc.). Mais chez les déments, la désorganisation s'organise : ils sont doubles, se croient doubles, agissent comme doubles. Pas de doute pour eux. Ils n'ont pas conservé ce reste d'indécision qui, dans les cas si nombreux que nous avons cités, montrent que la personnalité normale (ou ce qui en reste) garde une dernière force qui, après des semaines ou des mois, assurera son retour. Il leur semble aussi naturel d'être doubles qu'à nous d'être simples. Nul scepticisme de leur part sur leur état et ils n'admettent pas celui des autres. Leur manière d'être, à eux donnée par leur conscience, leur apparaît avec ce caractère de clarté, d'évidence, qui est au-dessus du doute et ne le suppose même pas. Ce point était important à noter parce qu'il nous montre, dans ces formes morbides de la personnalité, la spontanéité d'affirmation et d'action qui caractérise tout état naturel. Voici deux cas de ce genre :

Un ancien soldat, D..., ensuite sergent de police,

ayant reçu plusieurs fois des coups à la tête, fut
atteint d'un affaiblissement graduel de la mémoire
qui le fit mettre à la retraite. Son esprit se trou-
blant de plus en plus, il en vint à se croire double.
« Il parle toujours en employant le pronom *nous* :
nous irons, nous avons beaucoup marché. Il dit qu'il
parle ainsi parce qu'il y a un autre avec lui. A table,
il dit : Je suis rassasié, mais l'autre ne l'est pas. Il
se met à courir ; si on lui demande pourquoi, il répond
qu'il aimerait mieux rester, mais que c'est « l'autre »
qui l'y force quoiqu'il le retienne par son habit. Un
jour, il se précipite sur un enfant pour l'étrangler,
disant que ce n'est pas lui, mais « l'autre ». Enfin, il
tente de se suicider pour tuer « l'autre » qu'il croit
être caché dans la partie gauche de son corps ; aussi
l'appelle-t-il le D .. gauche et se nomme le D... droit.
Ce malade tomba peu à peu en démence [1] »

Un cas rapporté par Langlois nous fait tomber un
degré plus bas. « Le nommé G... est imbécile, gâteux,
loquace, sans hésitation de la parole, ni paralysie des
membres, ni troubles de la sensibilité cutanée. Malgré
sa loquacité, il ne répète que quelques phrases sté-
réotypées. Il parle toujours de lui à la troisième
personne et presque tous les matins il nous reçoit
en disant : G... est malade, il faut le faire descendre
à l'infirmerie. Souvent il se met à genoux, s'applique
de vigoureux soufflets, puis rit aux éclats, se frotte
joyeusement les mains et s'écrie : G... a été méchant,
il a été mis en pénitence. Souvent encore il saisit son

1. Jaffé. *Archiv. für Psychiatrie*, 1870.

sabot, se frappe la tête avec violence, s'enfonce les ongles dans les chairs, se déchire les joues. Ces moments de fureur sont subits et, pendant ces actes de mutilation, la physionomie exprime un sentiment de colère auquel succède un air de satisfaction dès qu'il a cessé de corriger l'autre. Lorsqu'il n'est pas surexcité par ses ressentiments imaginaires, nous lui deman-dons : « Où est G...? — Le voilà », répond-il en se frappant la poitrine Nous lui touchons la tête en lui demandant à qui elle appartient. « Ça, dit-il, c'est la tête de cochon. — Pourquoi la frappez-vous ainsi? — Parce qu'il faut corriger la tête de cochon. — Mais tout à l'heure, vous avez frappé G... — Non, G... n'a pas été méchant aujourd'hui, c'est la tête de cochon qu'il faut battre. » Pendant plusieurs mois nous avons renouvelé les mêmes questions et nous avons obtenu invariablement les mêmes réponses. La plupart du temps, c'est G... qui est mécontent, mais quelquefois la réciproque a lieu et alors ce n'est plus la tête qui reçoit les coups [1]. »

Un paralytique général, dans un état voisin de la démence, ne cessait de se donner des conseils, de se faire des reproches. « Vous savez, monsieur G..., que l'on vous a placé dans cet établissement. Du reste vous êtes bien ici... Nous vous avertissons que nous désespérons complètement de vous, etc., etc. » A mesure que la paralysie générale a progressé, les paroles sont devenues moins intelligibles. Cependant, au milieu du délire, on retrouvait cette conversation

---

1. *Annales médico-psych.* 6ᵉ série, tome VI. p. 80.

que le malade entretenait avec lui-même. Parfois il faisait les demandes et les réponses. Arrivé à la démence presque absolue, il présentait le même phénomène. Il poussait des cris, s'agitait ; mais aussitôt il se calmait et disait à voix basse, avec un geste significatif : Veux-tu te taire, parle donc plus doucement. Et il se répondait : Oui, je vais parler plus doucement... — Un autre jour, nous le trouvons très occupé à faire des mouvements continuels de dégustation et de sputation. Nous lui demandons : Vous amusez vous, monsieur G...? Il répond : « Lequel? » puis retombe dans son incohérence. — Cette réponse, reproduite ici textuellement comme la demande, peut paraître l'effet du hasard, mais elle s'accorde si bien avec cette dualité longtemps observée chez le malade que nous n'avons pas cru devoir la passer sous silence [1].

Dans l'observation suivante, la dissolution de la personnalité se présente sous un autre aspect : l'individu n'a plus conscience d'une partie de lui-même qui lui est devenue étrangère ou ennemie. Déjà plus haut, en parlant des hallucinations, nous avons vu le

---

1. Descourtis. *Du fractionnement des opérations cérébrales, et en particulier de leur dédoublement dans les psychopathies*, in-8°, Paris, 1882, p. 33-34. Voir d'autres faits, p. 32 et 35. — Il est possible que cette seconde personnalité, qui conseille et admoneste l'autre, ne soit que la reproduction purement passive des phrases adressées au malade par son médecin ou ses gardiens. Remarquons aussi qu'il n'est pas rare que les déments parlent d'eux-mêmes à la troisième personne. Ce fait se rencontre chez les petits enfants et on a soutenu que cela vient de ce que leur personnalité n'est pas encore née. A mon avis, il y a là tout simplement un phénomène d'imitation. L'enfant est habitué à entendre dire : Paul a été méchant, il sera fouetté, etc. Il se désigne de la même manière. L'emploi de la troisième personne chez certains déments serait-il un fait de régression ?

malade leur donner corps peu à peu et finalement rejeter hors de lui l'œuvre de son imagination. Chez les déments, le cas est plus grave. Ce sont des actes ou des états, parfaitement normaux pour un sujet sain, n'ayant rien du caractère morbide et imaginaire de l'hallucination; mais le malade ne les perçoit qu'extérieurement et n'a pas conscience d'en être la cause. Comment expliquer cette situation singulière, sans admettre un changement profond dans la cénesthésie, sans supposer que certaines parties du corps ne sont plus représentées, — senties, — dans ce cerveau en ruine. La perception visuelle subsiste (l'expérience le prouve); mais le malade voit ses propres mouvements comme un phénomène extérieur, antagoniste, qu'il n'attribue ni à lui-même, ni à d'autres, qu'il constate passivement sans chercher plus loin, parce que ses sensations internes étant abolies et sa faculté de raisonner impuissante, il n'y a aucun remède contre cette incoordination.

Il s'agit encore d'un paralytique général, dans la période de démence, dont la parole était presque inintelligible et pour qui la notion du monde extérieur était très affaiblie. « Un jour, il était occupé à éplucher des petits pois. Quoique assez mal habile et naturellement droitier, il n'employait que la main gauche. A un moment, la main droite s'avança comme pour prendre sa part du travail, mais à peine était-elle arrivée à son but que l'autre se précipitait à sa rencontre, la saisissait et l'étreignait violemment. Pendant ce temps, la figure du malade exprimait la colère et il répétait avec autorité : « Non! non! » Son corps était agité de tressaillements brusques, et tout indiquait la lutte violente qui se passait en lui. Une autre fois on avait été obligé de le fixer sur un fauteuil. Sa figure s'assombrit, et de sa main gauche il saisit sa main droite en criant : « Tiens! c'est de ta faute, c'est à cause de toi qu'on m'a attaché », et il se mit à la frapper à coups redoublés.

« Ces deux faits ne sont pas restés isolés. A plusieurs reprises, on put remarquer que, lorsque la main droite sortait de son inertie habituelle, le malade l'arrêtait de sa main gauche. Il se fâchait, s'agitait et la frappait aussi violemment que ses forces le lui permettaient. La sensibilité, bien que obtuse, était conservée dans le membre supérieur droit comme ailleurs [1]. »

Certains déments attribuent aux autres malades le bruit qu'ils font eux-mêmes et se plaignent d'être troublés par leurs cris. Enfin, nous citerons un dernier cas, observé par Hunter, d'un vieillard dont les facultés étaient extrêmement affaiblies. Il rapportait sans cesse au présent les incidents de son premier âge. « Quoiqu'il fût en état d'agir correctement, d'après certaines impressions, et de les attribuer aux parties de son corps qu'elles affectaient, il avait l'habitude de rapporter constamment ses propres sensations à ceux qui l'entouraient. Ainsi, il disait à sa garde-malade et aux assistants qu'il était sûr qu'*ils* avaient faim ou soif. Mais si on lui apportait à boire ou à manger, on voyait à son avidité que cette idée

______

1. Descourtis, ouvrage cité, p. 37.

absurde lui était suggérée par le sentiment de la faim et de la soif, et que le mot *ils* se rapportait à lui-même et non aux autres. Il était sujet à de violents accès de toux. Après chaque paroxysme il reprenait le fil de sa conversation, mais après avoir exprimé en termes appropriés et sympathiques combien il était touché de voir le mauvais état de son ami. « Je suis peiné, disait-il, de *vous* voir une toux si incommode et si fatigante [1]. »

Peu à peu tous ces cas aboutissent à une incoordination toujours croissante, à l'incohérence complète. Ils rejoignent l'imbécillité congénitale qui n'a jamais pu atteindre le niveau moyen de la personnalité humaine. Dans cette coordination à degrés multiples et ascendants qui constitue l'homme normal, il y a eu, pour l'idiot, arrêt de développement. L'évolution n'a pas dépassé les premières étapes. Elle a assuré la vie physique et avec elle quelques manifestations psychiques élémentaires. Les conditions d'un développement ultérieur ont fait défaut. C'est ce fait de la coordination, comme base de la personnalité, que nous aurons à examiner de plus près en concluant.

II

Auparavant qu'il nous soit permis d'essayer une classification rapide des troubles de la personnalité dont nous venons d'énumérer tant de cas, si dissem-

---

1. Hunter, *ap.* Winslow : *On obscure Diseases of the Brain*, p. 278.

blables, qu'il semble d'abord impossible de les réduire
à quelques types fondamentaux.

Bien qu'à l'état normal le sentiment de notre propre
corps change de différentes manières dans le cours de
la vie, avant tout par cette évolution qui nous conduit
de la naissance à la mort, ce changement est d'ordinaire si lent, si continu, que l'assimilation des sensations nouvelles se fait peu à peu et que la transformation est insensible, réalisant ainsi ce qu'on appelle
l'identité, c'est-à-dire la permanence apparente dans
les variations incessantes. Déjà pourtant les maladies
graves ou les changements profonds (puberté, méno-
pause) jettent quelque indécision : entre l'état nouveau
et l'ancien, la fusion n'est pas immédiate, et, comme
on l'a dit, « au début, ces sensations nouvelles se présentent devant le moi ancien comme un *toi* étranger
qui excite l'étonnement ». Mais si le sentiment général
du corps se modifie subitement, s'il se produit un afflux
brusque et abondant d'états insolites, alors l'élément
fondamental du moi est complètement transformé;
l'individu se sépare de sa personnalité antérieure, il
s'apparaît comme un autre. Le plus souvent, il y a une
période de trouble et d'incertitude, et la rupture ne se
fait pas en un instant. Quand cet état morbide est fixé,
alors, à notre avis, il peut se présenter trois types prin
cipaux dans les maladies de la personnalité :

1° Le sentiment général du corps est complètement
changé. L'état nouveau sert de base à une nouvelle vie
psychique (nouvelle manière de sentir, de percevoir,
de penser, d'où résulte une nouvelle mémoire). Il ne
reste de l'ancien moi que les processus complètement

organisés (marche, langage, travail manuel, etc.), activités purement automatiques, presque inconscientes, qui sont comme des esclaves prêts à servir tous les maîtres. Encore faut-il remarquer que dans la réalité ce type présente des exceptions. Tantôt une partie des acquisitions automatiques n'entrent pas dans le nouveau moi. Tantôt, de loin en loin, quelques vestiges de l'ancienne personnalité se ravivent et viennent jeter dans la nouvelle une indécision passagère. A prendre les choses en gros et en négligeant les petites déviations, on peut dire que nous avons ici une *aliénation* de la personnalité, l'ancienne étant devenue pour la nouvelle *aliena*, étrangère, en sorte que l'individu ignore sa première vie, ou, quand on la lui rappelle, la contemple objectivement, comme séparée de lui. On en trouve un excellent exemple dans cette femme de la Salpêtrière qui, depuis l'âge de quarante-huit ans, ne se désignait plus que par le terme « la personne de moi-même ». Elle donnait sur sa personnalité antérieure quelques renseignements assez exacts, mais en les attribuant à une autre : « La personne de moi-même ne connaît pas celle qui est née en 1779 » (sa première personnalité [1]). Le cas du père Lambert appartient aussi à ce type. Hack Tuke cite le cas d'un malade « qui fut pendant plusieurs années à l'hospice de Bedlam : il avait perdu son moi, c'est-à-dire le moi qui lui était familier et avait pris l'habitude de se chercher lui-même sous son lit [2].

1. Voir l'observation entière dans Leuret, *Frag. psychol.* p. 121-124.
2. *The Journal of mental science* april 1883.

2° Le deuxième type a pour caractère fondamental l'*alternance* de deux personnalités, et c'est surtout à lui qu'on devrait réserver la dénomination courante de double conscience. Nous avons indiqué qu'entre le premier type et celui-ci on trouverait des formes de transition; mais en ce moment ce qui est tranché et net nous importe seul. La cause physique de cette alternance est bien obscure, on peut dire inconnue. A l'époque où la deuxième personnalité apparaît pour la première fois, ce cas ne diffère en rien de ceux du premier genre : la différence commence avec la réapparition de la personnalité première. Il est difficile de résister à l'hypothèse que, chez ces sujets d'ordinaire hystériques, c'est-à-dire instables par excellence, parmi des variations secondaires, il y a, dans la vie physique, deux *habitus* distincts qui servent chacun de base à une organisation psychique. On l'accordera encore plus facilement si l'on remarque que l'alternance porte sur le caractère, sur ce qu'il a de plus intime dans la personnalité et qui exprime le plus profondément la constitution individuelle. (Cas d'Azam, de Dufay, de Camuset.)

Ici encore diverses formes dans ce type d'alternance. Tantôt les deux personnalités s'ignorent réciproquement (cas de Macnish). Tantôt l'une embrasse toute la vie, l'autre n'étant que partielle : tel est le cas d'Azam. Enfin dans ce cas qui est le plus instructif puisqu'il embrasse aujourd'hui une période de vingt-huit ans, on voit la deuxième personnalité empiéter constamment sur la première, qui, très longue à l'origine, est peu à peu devenue de plus en plus courte, en sorte qu'on prévoit une époque où celle-ci disparaîtra complètement et la seconde subsistera seule. Il semblerait donc que cet état d'alternance, quand il se prolonge, a une tendance fatale à se réduire au premier type, occupant ainsi une position intermédiaire entre l'état normal et l'aliénation complète de la personnalité.

3° Le troisième type est plus superficiel : je l'appellerai une *substitution* de la personnalité. Je rapporte à ce type le cas assez vulgaire où l'individu croit simplement avoir changé de personnage (l'homme qui se dit femme, le chiffonnier qui se croit roi, etc.). L'état de certains hypnotisés dont nous avons parlé peut servir de modèle pour toute cette classe. L'altération est plutôt psychique, au sens étroit du mot, qu'organique. Non que je suppose un instant qu'elle naisse et dure sans conditions matérielles. Je veux dire seulement qu'elle n'est pas causée et soutenue, comme dans les deux groupes précédents par une modification profonde du sens du corps qui entraîne avec elle une transformation complète de la personne. Elle vient du cerveau, non de l'intimité de l'organisme : c'est un désordre plutôt local que général, — l'hypertrophie d'une idée fixe qui rend impossible la coordination nécessaire à la vie normale de l'esprit. Aussi tandis que, dans l'aliénation et l'alternance de la personnalité tout conspire et consent à sa manière, présente l'unité et la logique intérieures des composés organiques, ici il n'est pas rare que celui qui se dit roi avoue qu'il a été ouvrier, et que le prétendu millionnaire reconnaisse qu'il gagnait deux francs par jour. Même en dehors de ces cas où l'incoordination est palpable, on voit bien que l'idée fixe est une excroissance maladive qui ne suppose en rien la transformation totale de l'individu.

Cette classification qui va des formes les plus graves aux plus légères, n'a pas la prétention d'être rigoureuse. Elle ne sert qu'à mettre un peu d'ordre dans les faits, à montrer combien ils sont dissemblables, surtout à faire voir une fois de plus que la personnalité a ses racines dans l'organisme, **varie** et **se** transforme comme lui.

CONCLUSION

I

C'est une conséquence inévitable de la doctrine de l'évolution que les formes supérieures de l'individualité ont dû sortir des plus humbles par agrégation et coalescence. Par suite aussi, l'individualité à son plus haut degré, chez l'homme, est l'accumulation et la condensation dans la couche corticale du cerveau de consciences élémentaires, à l'origine autonomes et dispersées.

Les divers types de l'individualité psychique dans l'échelle animale, du plus bas au plus haut, ne pourraient être décrits et fixés que par un zoologiste psychologue et à travers beaucoup de tâtonnements et de conjectures. Aussi ne s'agit-il ici que d'en noter quelques formes et seulement en vue du but principal de ce travail, qui est de faire voir que la marche ascendante vers l'individualité supérieure se résume en une complexité et une coordination croissantes.

Rien de plus clair que ce terme « individu » quand

il s'agit d'un homme, d'un vertébré, même d'un insecte.
Rien de plus obscur à mesure qu'on descend. Sur ce
point, tous les zoologistes sont d'accord [1]. D'après
l'étymologie, l'individu (*individuus*), c'est ce qui ne se
divise pas. A ce compte, l'individu, au sens strict et
rigoureux, doit être cherché très bas. Tandis que rien
ne limite les dimensions des composés inorganiques
(cristaux), « toute masse protoplasmique qui a atteint
quelques dixièmes de millimètre au maximum, se
divise spontanément en deux ou plusieurs masses distinctes, équivalentes à la masse d'où elles dérivent, qui
se reproduit en elles. Le protoplasme n'existe donc
qu'à l'état d'*individu*, ayant une taille limitée, et c'est
pourquoi tous les êtres vivants sont nécessairement
composés de cellules [2]. » La vie n'a pu atteindre un
accroissement notable que par la répétition indéfinie
du même thème fondamental, par l'agrégation d'un
nombre infini de ces petits éléments, vrais types de
l'individualité.

La matière vivante et homogène qui constitue ces
individualités élémentaires, primordiales, s'étale, se
ramasse sur elle-même, s'allonge en menus filaments,
se déplace, rampe, va au devant des substances propres à la nourrir, les englobe, les décompose et s'assi-
mile leurs débris. On a parlé, à ce propos, de « rudi-

---

1. Voir en particulier : Häckel, *Morphol. générale*, I, 241 ;
Gegenbaur, *Anatom. comparée*, p. 24 et suiv ; Espinas, *Sociétés
animales*, 2ᵉ édit., Appendice II ; Pouchet, *Revue scientifique*,
10 février 1883, etc.

2. Perrier, *Les colonies animales et la formation des organismes*.
Paris, 1881, p. 41. Suivant Cattaneo : *Le colonie lineari e la mor-
fologia dei molluschi*, la division serait poussée encore plus loin

ments de conscience », de volonté obscure, se déterminant sous l'action de stimulations extérieures et de vagues besoins. On peut employer ce terme, faute de mieux, mais à condition de ne pas oublier qu'il n'a pour nous aucune signification précise. Dans une masse homogène, qui ne présente pas la plus légère trace de différenciation, où les propriétés vitales essentielles (nutrition, génération) sont à l'état diffus et indistinct, le seul et bien humble représentant de l'activité psychique est cette irritabilité commune à tous les êtres vivants, qui deviendra plus tard, au cours de l'évolution, sensibilité générale, spéciale et le reste Peut-on l'appeler une conscience?

La première étape vers une individualité plus haute consiste dans une association d'individus à peu près complètement indépendants les uns des autres. « Le voisinage forcé, la continuité des tissus, l'unité à peu près constante de l'appareil digestif établit néanmoins entre eux un certain nombre de rapports qui font que chaque individu ne peut demeurer absolument étranger à ce qui se passe chez ses compagnons les plus proches : c'est le cas des éponges, des colonies de polypes hydraires, polypes coralliaires, de bryozoaires et de quelques colonies d'ascidies [1]. Mais ce n'est, à proprement parler, qu'une juxtaposition, un accolement d'un tas de petites consciences contiguës et homogènes, n'ayant entre elles d'autre communauté que celle que leur donne la limitation de leur agrégat dans l'espace.

1. Perrier, *Op. c.*, p. 774; Espinas, *Des sociétés animales*, section 2.

La naissance d'une individualité et d'une conscience *coloniales* marque un grand pas vers la coordination. Formée d'individualités élémentaires, la colonie tend à se transformer en une individualité d'ordre supérieur, en qui une division du travail s'est produite. Dans les colonies d'hydractinies, on rencontre des individus nourriciers, reproducteurs, d'autres sexués (mâles, femelles), d'autres qui palpent ou saisissent la proie : au total, sept. Dans l'espèce des siphonophores, chez l'agalme, dont l'organisme entier mesure plus d'un mètre, et les types voisins, la faculté de locomotion se centralise complètement. Les individus qui la composent semblent indépendants, tant que l'animal laisse flotter l'axe commun sur lequel ils sont implantés : qu'un danger se présente ou que l'animal veuille exécuter quelque mouvement complexe, l'axe se contracte, entraînant tous les polypes avec lui. La physale sait accélérer ou ralentir sa marche, émerger ou plonger à volonté, monter, descendre, aller droit devant elle ou virer de bord ; elle sait faire concourir tous ses individus-organes à ces actes compliqués. La vie errante, comme le fait remarquer M. Perrier, favorise le développement de l'individualité. « Il en résulte nécessairement une dépendance plus grande de tous les individus ; des liens plus intimes s'établissent entre eux ; les impressions produites sur une partie quelconque de l'ensemble doivent nécessairement être transmises aux cloches locomotrices ; les mouvements de celles-ci, sous peine de désordre, doivent être coordonnés. Il naît donc une sorte de *conscience coloniale ;* par cela même, la colonie tend à constituer une unité nouvelle,

elle tend à former ce que nous nommons un *individu*[1]. »
Pour d'autres colonies, la conscience commune se
forme d'une manière différente. Chez les botryles
(tuniciers), il y a un orifice commun, le cloaque autour
duquel sont rangés tous les individus. Chacun d'eux
envoie vers le cloaque une languette pourvue d'un
rameau nerveux, grâce à laquelle la communication
peut être établie d'une manière permanente entre tous
les membres d'un même groupe (*Ibid.*, p. 771). Mais,
« de ce qu'une colonie acquiert la notion de son existence en tant que colonie, il ne s'ensuit pas nécessairement que chacun des individus qui la composent
perde sa conscience particulière. Chaque individu
continue, au contraire, à se comporter d'abord comme
s'il était seul... Chez certaines étoiles de mer, chaque
bras séparé continue à ramper, à suivre une route
déterminée ou à s'en détourner, suivant le cas, à s'agi-
ter quand on l'excite, à témoigner, en un mot, d'une
véritable conscience. La conscience du rayon n'en est
pas moins subordonnée à la conscience de l'étoile,
comme le prouve l'harmonie qui s'établit entre les mouvements des parties, lorsque l'animal se déplace[2]. »

Pour l'homme, chez qui la centralisation est poussée
à un si haut degré, il est bien difficile d'avoir une
représentation un peu nette de ce mode d'existence
psychique où coexistent des individualités partielles
et une individualité collective. A la rigueur, on en
pourrait trouver quelque analogue dans certains états

1. Perrier, *Ouv. cité*, p. 232, 239, 770, 218 et 262.
2. *Ibid.*, p. 772-773.

morbides. On pourrait dire encore que l'individu humain a conscience de lui-même, à la fois comme personne et comme membre du corps social : mais je ne veux pas insister sur des rapprochements contestables. Prenant la question objectivement et par l'extérieur qui nous est seul accessible, nous voyons que cette conscience coloniale, si intermittente, si faiblement coordonnée qu'elle puisse être à l'origine, marque un moment capital dans l'évolution. Elle est le germe des individualités supérieures, de la personnalité. Elle passera peu à peu au premier rang, confisquant à son profit toutes les individualités particulières. Dans l'ordre politique, une évolution analogue s'est faite pour les pays fortement centralisés. Le pouvoir central, d'abord très faible, à peine reconnu, souvent inférieur à ses subordonnés, s'est fortifié à leurs dépens et les a lentement réduits en les absorbant.

Le développement du système nerveux, le coordinateur par excellence, est le signe visible d'un progrès vers une individualité plus complexe et plus harmonique. Mais cette centralisation ne s'établit pas d'emblée. Chez les annélides, les ganglions cérébroïdes qui envoient des nerfs aux organes des sens, paraissent remplir les mêmes fonctions que le cerveau des vertébrés. Il est loin, toutefois, de les avoir centralisés complètement. L'indépendance psychologique des divers anneaux est bien évidente. « La conscience, bien plus nette dans le cerveau, tend à s'affaiblir à mesure que le nombre des anneaux augmente. Certaines eunices, qui peuvent atteindre 1 m. 50 de longueur, mordent la partie postérieure de leur corps, sans paraître aucu-

nement le ressentir. C'est sans doute à cette diminution de la conscience qu'il faut attribuer la facilité avec
laquelle se mutilent spontanément les annélides tenues
en captivité, dans de mauvaises conditions. » Dans les
colonies linéaires, l'individu qui forme l'avant, obligé
d'avoir de l'initiative pour tous, d'avancer ou de recu-
ler, de modifier l'allure de la colonie qu'il traîne à sa
suite, devient une *tête;* mais cette dénomination n'est
donnée par les zoologistes que comme un à peu près,
et il faudrait se garder de croire qu'elle corresponde
exactement à ce qu'on nomme la tête chez un insecte
ou tout autre articulé. L'individualité qu'elle représente est si peu précise, qu'on voit chez certains annelés
asexués, composés d'une quarantaine d'anneaux, une
tête d'individu sexué se former au niveau du troisième
anneau, se munir de tentacules et d'antennes, puis se
détacher de l'individu primitif pour vivre à sa guise [1].

Nous renvoyons pour les détails aux ouvrages spéciaux, et pour les animaux supérieurs, il est inutile
d'insister; l'individualité, au sens courant du mot, est
constituée; le cerveau, de plus en plus prépondérant, la
représente. Mais cette excursion sur le domaine zoolo-
gique ne sera pas vaine, si nous avons réussi à faire
comprendre que cette coordination, si souvent men-
tionnée, n'est pas une simple vue de l'esprit, qu'elle
est au contraire un fait objectif, visible et tangible et,
comme le dit Espinas, que l'individualité psychique et
l'individualité physiologique sont parallèles, que la
conscience s'unifie ou se disperse avec l'organisme.

1. Perrier, *Ibid.*, p. 448, 491, 501, 452.

Toutefois, ce terme conscience ou individualité physique est plein d'embûches que nous n'essayerons pas
de dissimuler. Si l'individualité psychique n'est, comme
nous le soutenons, que l'expression subjective de l'organisme, à mesure qu'on s'éloigne du type humain, on
descend dans une obscurité toujours croissante. La
conscience est une fonction qui peut être rapprochée
de la génération, parce qu'elles expriment l'une et
l'autre tout l'individu. Accordons aux organismes les
plus élémentaires une conscience — diffuse comme
toutes leurs propriétés vitales, en particulier la génération. Nous voyons celle-ci, à mesure qu'on s'élève,
se localiser, accaparer une partie de l'organisme, qui,
à travers des perfectionnements sans nombre, devient,
pour cette fonction et pour elle seule, le représentant
de tout l'organisme. La fonction psychique suit un
processus analogue. A son plus haut degré, elle est
nettement localisée; elle a accaparé une partie de l'organisme qui, pour cette fonction et pour elle seule, devient le représentant de tout l'organisme. Par une
longue série de délégations successives, le cerveau des
animaux supérieurs est parvenu à concentrer en lui la
plus grande part de l'activité psychique de la colonie;
il a reçu peu à peu un mandat de plus en plus étendu
avant d'arriver à l'abdication complète de ses associés [1].
Mais en prenant une espèce animale au hasard, comment savoir au juste le degré que la délégation psychique a atteint? Les physiologistes ont fait beaucoup
d'expériences sur la moelle épinière, chez les gre-

1. Espinas *Les sociétés animales*, p. 520.

nouilles : sa valeur psychique relative est-elle la même chez l'homme? C'est bien douteux.

II

Revenons à l'homme et étudions d'abord sa personnalité purement physique. Eliminons provisoirement tous les états de conscience, sauf à les restituer plus tard, pour ne considérer que les bases matérielles de sa personnalité.

I. Il serait inutile de rappeler longuement que tous les organes de la vie dite végétative : le cœur, les vaisseaux, le poumon, le canal intestinal, le foie, les reins, etc., si étrangers qu'ils semblent les uns aux autres, si absorbés qu'ils paraissent, chacun dans sa besogne propre, sont reliés par une étroite solidarité. Des nerfs centripètes et centrifuges du grand sympathique et du système cérébro-spinal (la différence entre les deux tend à s'effacer de jour en jour) sont, avec leurs ganglions, les agents innombrables de cette coordination. Leur activité se réduit-elle au simple ébranlement moléculaire qui constitue l'influx nerveux ou a-t-elle aussi un effet psychique, conscient? Pour les cas morbides, pas de doute; elle est sentie. A l'état normal, elle ne suscite que cette conscience vague de la vie dont nous avons tant de fois parlé. Mais vague ou non, il n'importe. Nous soutenons même que ces actions nerveuses, qui représentent la totalité de la vie organique, sont les faits fondamentaux de la personnalité et que leur valeur comme tels est, pour ainsi dire,

en raison inverse de leur intensité psychologique.
Elles font bien mieux que susciter quelques états de
conscience instables et superficiels; elles façonnent
les centres nerveux, leur donnent un ton propre, une
habitude. Qu'on se représente un instant la prodigieuse
puissance de ces actions (si faibles qu'on les suppose)
transmises sans cesse, sans repos ni trêve, répétant
toujours le même thème avec quelques variations.
Comment n'auraient-ils pas pour résultat la constitution
d'états organiques, c'est-à-dire stables par définition,
qui sont les représentants anatomiques et physiologiques de la vie interne? Evidemment, tout ne vient
pas des viscères seuls, car les centres nerveux ont
aussi leur constitution propre (innée ou héréditaire),
en vertu de laquelle ils réagissent; ils ne sont pas
seulement récepteurs, mais incitateurs, et ce n'est que
par une fiction inadmissible qu'on les séparerait des
organes qu'ils représentent et avec lesquels ils ne font
qu'un : entre les uns et les autres, il y a réciprocité
d'action.

Où aboutissent finalement toutes ces actions nerveuses, résumé de la vie organique? On n'en sait rien.
Ferrier suppose que les lobes occipitaux sont en
rapport spécial avec la sensibilité des viscères et
constituent le substratum anatomique de leurs sensations. Admettons-le à titre de pure hypothèse et seulement pour fixer les idées. Il en résulterait que d'étapes
en étapes, de délégations en délégations, la vie viscérale trouverait là sa représentation dernière; qu'elle
y est inscrite dans une langue inconnue de nous,
mais qui, par ces agencements, ou (pour continuer

la métaphore) par la disposition des mots et des phrases, exprime l'individualité interne, et elle seule, à l'exclusion de toute autre individualité. Au reste, que cette représentation anatomique existe là ou ailleurs, qu'elle soit localisée ou disséminée, cela ne change rien à notre conclusion, pourvu qu'elle existe. Je ne regrette pas d'insister, parce que cette coordination des innombrables actions nerveuses de la vie organique est la base de la personnalité physique et psychique, parce que toutes les autres coordinations s'appuient sur elle, s'ajoutent à elle; parce qu'elle est l'homme intérieur, la forme matérielle de sa subjectivité, la raison dernière de sa façon de sentir et d'agir, la source de ses instincts, ses sentiments et ses passions, et, pour parler comme au moyen âge, son principe d'individuation.

Passons du dedans au dehors. La périphérie du corps forme une surface où les plaques terminales des nerfs sont inégalement distribuées. Rares ou nombreux, les filets nerveux reçoivent et transmettent, des divers points du corps, des impressions, c'est à-dire des ébranlements moléculaires, se centralisent dans la moelle, remontent dans le bulbe et l'isthme de l'encéphale. Là, nouvel apport, celui des nerfs craniens : la transmission des impressions sensorielles est au complet. N'oublions pas les nerfs centrifuges qui se comportent de même, mais dans le sens d'une décentralisation croissante. En somme, la moelle épinière, qui est un amas de ganglions juxtaposés et empilés, mieux encore le bulbe avec ses centres spéciaux (de la respiration, de la phonation, de la déglutition, etc.), en même temps qu'ils sont des organes de transmission, représentent une réduction à l'unité d'une infinité d'actions nerveuses disséminées dans le corps.

Au point où nous en sommes, la question devient fort obscure. Le mésencéphale paraît posséder une fonction réflexe plus compliquée que le bulbe, qui en possède une plus compliquée que la moelle. Les corps striés seraient un centre où s'organisent les mouvements habituels ou automatiques. La couche optique serait le point où les impressions sensitives viennent se rassembler pour se réfléchir en mouvements.

Quoi qu'il en soit, on sait que la capsule interne, faisceau de substance blanche qui fait suite au pédoncule cérébral, traverse les corps opto-striés, en pénétrant dans le détroit compris entre la couche optique et le noyau lenticulaire et qu'il s'épanouit dans l'hémisphère, en formant la couronne rayonnante de Reil. C'est un carrefour où passent toutes les fibres sensitives et motrices qui viennent du côté opposé du corps ou qui s'y rendent. La partie antérieure ne contient que des fibres motrices. La partie postérieure contient toutes les fibres sensitives, un certain nombre de fibres motrices, et toutes les fibres venant des organes des sens. Le faisceau sensitif étant au complet se divise : une partie monte vers la circonvolution fronto-pariétale; les autres se recourbent en arrière vers le lobe occipital, le faisceau moteur se distribue dans l'écorce grise des zones motrices.

Ces détails, si fatigants qu'ils puissent être pour le lecteur malgré leur brièveté, montrent la solidarité intime qui s'établit entre toutes les parties du corps et les hémisphères cérébraux. Ici, l'étude des localisations, bien qu'imparfaite, permet quelque précision : une zone motrice (frontale ascendante, pariétale ascendante, lobule paracentral, pied des circonvolutions frontales), où paraissent représentés les mouvements des diverses parties du corps; — une zone sensitive, beaucoup moins délimitée (lobes occipitaux (?) région temporo-pariétale); — pour les lobes frontaux, rien de précis. Notons en passant la récente hypothèse de Hughlings Jackson, pour qui « ces derniers représentent, par rapport aux autres centres, des combinaisons et coordinations plus complexes, étant ainsi une représentation de représentations [1]. »

Laissons de côté les discussions passées et présentes sur le rôle physiologique et psychologique de ces centres; elles rempliraient un gros volume. Prenant la question en bloc, nous pouvons dire que la couche corticale représente toutes les formes de l'activité nerveuse : viscérale, musculaire, tactile, visuelle, auditive, olfactive, gustative, motrice, significatrice. Cette représentation n'est pas directe : une impression ne va pas de la périphérie au cerveau comme une dépêche télégraphique du bureau expéditeur au bureau voisin. Dans un cas où la moelle était réduite à la largeur d'un tuyau de plume et la substance grise infiniment petite, le sujet sentait (Charcot). Mais, en fin de compte, indirecte ou même doublement indirecte, cette représentation est ou peut être une représenta

1. *Lectures on Evolution and Dissolution of nervous System*, 1884

tion totale. Entre les *équivalents* de ces actions
nerveuses disséminées dans le corps, il existe des
connexions innombrables (commissures entre les deux
hémisphères, entre les divers centres de chaque hémisphère); les unes innées, les autres établies par l'expérience [1], ayant tous les degrés possibles, du très stable
au très instable. La personnalité physique ou, plus
exactement, sa représentation dernière, nous apparaît
donc, non comme un point central d'où tout rayonne
et où tout aboutit (la glande pinéale de Descartes),
mais comme un lacis prodigieusement enchevêtré et
inextricable, où l'histologie, l'anatomie et la physiologie
s'égarent à chaque instant.

A travers cette esquisse extrêmement grossière, on
peut entrevoir que les termes consensus, coordination, ne sont pas un simple *flatus vocis*, une abstraction, mais l'expression de la nature des choses.

II. Rétablissons l'élément psychique jusqu'ici élé-
miné et voyons ce qui s'ensuit. Rappelons que, pour
nous, la conscience n'est pas une entité, mais une
somme d'états dont chacun est un phénomène d'un
genre particulier, lié à certaines conditions de l'activité
du cerveau, qui existe lorsqu'elles existent, manque
lorsqu'elles manquent, disparaît lorsqu'elles disparaissent. Il en résulte que, chez un homme quelconque,

---

1. Il est clair, par exemple, que, chez un homme qui ne sait
pas écrire, certaines associations de mouvements très délicats
ne sont pas établies, ni par conséquent représentées dans l'encéphale, ni associées aux dispositions nerveuses qui représentent
les mêmes mots sous leur forme vocale. Ainsi pour beaucoup
d'autres cas.

la somme des états de conscience est très inférieure à
la somme des actions nerveuses (réflexes de tout ordre,
du plus simple au plus composé). Pour préciser : pendant une période de cinq minutes, il se produit en
nous un défilé de sensations, sentiments, images,
idées, actes. La science est en état de les compter, d'en
déterminer le nombre avec une exactitude suffisante.
Pendant le même laps de temps, chez le même homme,
il se sera produit un nombre d'actions nerveuses beaucoup plus considérable. La personnalité *consciente*
ne peut donc pas être une représentation de *tout* ce
qui se passe dans les centres nerveux : elle n'en est
qu'un extrait, une réduction. C'est la conséquence
inévitable de notre nature mentale : nos états de conscience s'ordonnent dans le temps, non dans l'espace,
suivant une dimension, non suivant plusieurs. Par
fusion et intégration des états simples entre eux, se
forment des états très complexes qui entrent dans la
série comme s'ils étaient simples ; ils peuvent même
coexister, en une certaine mesure, pendant quelque
temps ; mais, en définitive, le cercle de la conscience,
l'*Umfang des Bewusstseins*, surtout de la conscience
claire, reste toujours très limité. Il est donc impossible de considérer la personnalité consciente, par
rapport à la personnalité objective, cérébrale, comme
un décalque qui s'applique exactement sur son dessin :
elle ressemble plutôt à un levé de plan topographique
par rapport au pays qu'il représente.

Pourquoi certaines actions nerveuses deviennent-
elles conscientes et lesquelles ? Répondre à cette question, ce serait résoudre le problème des conditions de

la conscience. Nous avons dit déjà qu'on les ignore en grande partie. On a aussi beaucoup discuté sur le rôle que jouent, dans cette genèse, les cinq couches de cellules corticales. De l'aveu même des auteurs, ce sont de pures hypothèses. Passons outre : il n'y a aucun profit pour la psychologie à s'appuyer sur une physiologie sans solidité. Nous constatons que les états de conscience toujours instables se suscitent et se supplantent. C'est l'effet d'une transmission de force et d'un conflit de forces qui, pour nous, a lieu non entre les états de conscience, comme on l'admet généralement, mais entre les éléments nerveux qui les supportent et les engendrent. Ces associations et antagonismes, bien étudiés de nos jours, ne sont pas de notre sujet. Il nous faut pénétrer plus avant, jusqu'aux conditions de leur unité organique. Les états de conscience ne sont pas, en effet, des feux follets qui s'allument et s'éteignent tour à tour : il y a quelque chose qui les unit et qui est l'expression subjective de leur coordination objective. Là est la raison dernière de leur continuité. Bien que nous ayons déjà étudié ce point, il est si important que je ne crains pas d'y revenir sous une autre forme.

Remarquons qu'il ne s'agit pas pour le moment de la personnalité réfléchie, mais de ce sentiment de nous-même, spontané, naturel, qui existe chez tout individu sain. Chacun de mes états de conscience a ce double caractère d'être tel ou tel, et en sus d'être mien : ce n'est pas une douleur, mais ma douleur; la vision d'un arbre, mais ma vision d'un arbre. Chacun a sa marque par laquelle il m'apparaît comme propre à moi seul, sans laquelle il m'apparaît comme étranger : ce qui se rencontre, nous l'avons vu, dans quelques cas morbides. Cette marque commune est le signe d'une communauté d'origine et d'où peut-elle venir, sinon de l'organisme? Imaginons qu'on puisse, chez l'un de nos semblables, supprimer ses cinq sens spéciaux et avec eux tout leur apport psychologique (perceptions, images, idées, associations des idées entre elles et des émotions avec les idées). Cette suppression faite, il reste encore la vie interne, organique, avec sa sensibilité propre, expression de l'état et du fonctionnement de chaque organe, de leurs variations générales ou locales, de l'élévation ou de l'abaissement du ton vital. L'état d'un homme bien endormi se rapproche sensiblement de notre hypothèse. Maintenant essayons l'hypothèse contraire : nous la trouvons absurde, contradictoire. Nous ne pouvons nous représenter, sans aucune forme raisonnable, les sens spéciaux avec la vie psychique qu'ils supportent, isolés de la sensibilité générale et suspendus dans le vide. Chaque appareil sensoriel n'est pas, en effet, une abstraction : il n'y a pas un appareil visuel ou auditif en général, tel qu'on le décrit dans les traités de physiologie, mais un appareil concret, individuel, dont il ne se produit jamais (sauf peut-être chez quelques jumeaux) deux exemplaires identiques chez les individus de la même espèce. Ce n'est pas tout. Outre qu'il a sa constitution propre dans chaque individu, — marque qu'il imprime directement et nécessairement à tous ses produits, — chaque appareil sensoriel dépend, à tous les instants, et sous toutes les formes, de la vie organique : circulation, digestion, respiration

sécrétion et le reste. Ces diverses expressions de l'individualité s'ajoutent à toute perception, émotion, idée,
ne font qu'un avec elles, comme les harmoniques avec
le ton fondamental. Ce caractère personnel, possessif, de
nos états de conscience, n'est donc pas, comme certains auteurs l'ont dit, le résultat d'un jugement plus
ou moins explicite qui, en même temps qu'ils se produisent, les affirme miens. *La marque personnelle n'est
pas surajoutée, mais incluse;* elle fait partie intégrante
de l'événement, elle résulte de ses conditions physiologiques. Ce n'est pas en étudiant l'état de conscience
seul qu'on peut en découvrir l'origine; car il ne peut
être à la fois effet et cause, état subjectif et action nerveuse.

Les faits pathologiques confirment cette conclusion.
Nous avons vu le sentiment du moi s'élever ou se
déprimer suivant l'état de l'organisme et certains mala
des soutenir que leurs « sensations sont changées »,
c'est-à-dire que le ton fondamental n'a plus les mêmes
harmoniques. Nous avons vu, enfin, des états de cons
cience perdre peu à peu leur caractère personnel, s'ob
jectiver et devenir étrangers pour l'individu. Ces faits
sont-ils explicables par une autre théorie?

Stuart Mill, dans un passage souvent cité [1], se

---

1. *Philosophie de Hamilton,* trad. Cazelles, p. 250 et suiv. Il est
juste de remarquer que, sous la forme où Mill pose la question
la réduction du moi à l'organisme ne l'avançait guère, car, dans
ce passage, il considère le corps non en physiologiste, mais en
métaphysicien. Notons en passant que la théorie soutenue ici,
matérialiste dans la forme, peut s'adapter à une métaphysique
quelconque. Nous essayons de réduire la personnalité consciente
à ses conditions *immédiates* — l'organisme. Quant aux conditions dernières de ces conditions, nous n'avons rien à en dire

demande où est le lien, la loi inexplicable, « l'union organique » qui rattache un état de conscience à un autre, l'élément commun et permanent; et il trouve qu'en définitive « nous ne pouvons rien affirmer de l'esprit que les états de conscience ». Sans doute, si l'on s'en tient à la pure idéologie. Mais un groupe d'effets n'est pas une cause et, quelque minutieusement qu'on les étudie, on fait un travail incomplet si on ne descend plus bas — dans cette région obscure où, comme le dit Taine, « d'innombrables courants circulent sans cesse sans que nous en ayons conscience ». Ce lien organique réclamé par Stuart Mill est, pour ainsi dire, par définition dans l'organisme.

C'est l'organisme et le cerveau, sa représentation suprême, qui est la personnalité réelle, contenant en lui les restes de tout ce que nous avons été et les possibilités de tout ce que nous serons. Le caractère individuel tout entier est inscrit là avec ses aptitudes actives et passives, ses sympathies et antipathies, son génie, son talent ou sa sottise, ses vertus et ses vices, sa torpeur ou son activité. Ce qui en émerge jusqu'à la conscience est peu au prix de ce qui reste enseveli, quoique agissant. La personnalité consciente n'est jamais qu'une faible partie de la personnalité physique.

L'unité du moi n'est donc celle de l'entité une des spiritualistes qui s'éparpille en phénomènes multiples, mais la coordination d'un certain nombre d'états sans cesse renaissants, ayant pour seul point d'appui le sen-

ici, et chacun est libre de la concevoir à sa guise. Voir sur ce point les remarques si justes de M. Fouillée : *La science sociale contemporaine*, p. 224-225.

timent vague de notre corps. Cette unité ne va pas de haut en bas, mais de bas en haut; elle n'est pas un point initial, mais un point terminal.

Cette unité parfaite existe-t-elle? Au sens rigoureux, mathématique, évidemment non. Au sens relatif, elle se rencontre, rarement et en passant. Chez un bon tireur qui vise, ou un habile chirurgien qui opère, tout converge physiquement et mentalement. Mais notons le résultat : dans ces conditions, le sentiment de la personnalité réelle disparaît, l'individu conscient étant réduit à une idée ; en sorte que la parfaite unité de conscience et le sentiment de la personnalité s'excluent. Nous revenons, par une autre voie, à la même conclusion : le moi est une coordination. Il oscille entre ces deux points extrêmes où il cesse d'être : l'unité pure, l'incoordination absolue. Tous les degrés intermédiaires se rencontrent en fait, sans démarcation entre le sain et le morbide; l'un empiète sur l'autre [1].

L'unité du moi, au sens psychologique, c'est donc la cohésion, pendant un temps donné, d'un certain nombre d'états de conscience clairs, accompagnés d'autres moins clairs et d'une foule d'états physiologiques qui, sans être accompagnés de conscience, comme leurs congénères, agissent autant qu'eux et plus qu'eux.

---

1. Même à l'état normal, la coordination est souvent assez lâche pour que plusieurs séries coexistent séparément. On peut marcher ou faire un travail manuel avec une conscience vague et intermittente des mouvements, en même temps chanter et rêvasser : mais si l'activité de la pensée augmente, le chant cesse. Il est, chez beaucoup de gens, un succédané de l'activité intellectuelle, un état intermédiaire entre penser et ne pas penser

Unité veut dire coordination. Le dernier mot de tout ceci. c'est que le consensus de la conscience étant subordonné au consensus de l'organisme, le problème de l'unité du moi est, sous sa forme ultime, un problème biologique. A la biologie d'expliquer, si elle le peut, la genèse des organismes et la solidarité de leurs parties. L'interprétation psychologique ne peut que la suivre. Nous avons essayé de le démontrer en détail par l'exposition et la discussion des cas morbides. C'est donc ici que notre tâche finit.

FIN

1063 20. — Coulommiers. Imp. PAUL BRODARD — P2-21.